入門の入門はしが

最近、法律系の資格を取得しようとする人が増加しているという。先が見えにくい時代であるから、何か資格でもと思っておられる方が多いのであろう。

この本は法律の資格の中でも難関といわれる司法書士試験の学習の入口にたどり着くために書いた本である。

どういうことかというと、司法書士という名前を聞いたことはあるが、どういう内容の試験を受ければいいのか、そして、どういう内容の仕事をするか知らないとか様々な入り口で悩んでいる人が多いと思われる。

そこで、そういう人達のために、この本を世に送り出したのである。

何を始めるにしても最初は当然、初学者である。

今、偉そうに物申す人達も最初は右も左も分からなかったのだ。だが、彼らは苦労に苦労を重ねた末、自分の地位を勝ち取ったのである。

試験に合格するのに王道はないとよく言われる。確かに王道はないが、正しい学習方法はあるはずである。

僕は思う。「木を見て森を見ないような学習はだめだ」と書いてある本が多いが、最初は何が木かどれが森かもわからないのだ、と…。

この本で森を学習して頂きたい。そして、司法書士試験の入口に何とかたどり着いて頂きたいのである。

そして、それから森を構成している木を学習して頂きたい。

このような学習方法を採用することによって、あなたたちは、合格に近づくものと確信している。

昔、僕がある予備校で講師をしていた頃、右も左も分からない人たちを相手に、また、法律の「ほの字」もかじったことがない人たちを相手に学習をしていた頃を思い出す。彼ら及び彼女らが何に悩んでいたかを嫌という程経験させて頂いた。それらの経験を元にこの「入門の入門」は出来ている。

さて、世の中が常に動いているように、法律も少し遅れて動いている。

100年以上、部分的な改正を繰り返してきた民法も2020年4月1日に大きな改正が施行された。

皆さんも明るい未来に動き出そうではありませんか。

僕にはこの本を手にした人達が活躍している姿が浮かんでいる。

この本がよきアドバイザーとなって、試験の入口に皆さんが立つことを祈ってやまない。

世の中は、君たちを待っている。大きな手を広げて待っている。

2020年10月

著者　三木邦裕

今年こそ司法書士！

合格請負人

三木邦裕の必勝道場

はじめの一歩

CONTENTS

表紙デザイン　㈲ソルヴ
本文レイアウト　㈲中央制作社

～本書の利用の仕方～

1 基本的な学習方法

司法書士試験は、勿論法律のプロとしての司法書士になるための試験である。従って、対象となる法律をしっかり頭の中にたたき込まなければならない。

法律を学習する基本は何といっても「条文」である。そして、その法律の輪郭を学ぶために、「基本書（教科書）」が必要である。また、「判例＝裁判所の考え方」「先例＝行政の考え方」もその重要性においてそれらと肩を並べている。

本書の活用方法

⑴　独学、初心者向けのテキストの必要性

この試験は経験的に独学で挑戦することは可能であると感じている。また、今まで法律に触れたこともない人達が、この試験に挑戦してきている。

そこで必要なのが、「独学でも十分に理解できる教科書」、「法律の初心者であっても十分に理解できる教科書」である。

⑵　本書の特徴

本書はまさに、これらの人々をターゲットとして書いたものである。今まで法律等に触れたこともないという人にとり分かりやすく書いた積もりである。

①初めの第一歩

独学者や初心者にとって何が問題かというと、「１人で大丈夫か」、「初めてなのに大丈夫か」という不安である。

何にでも初めの第一歩があるが、その第一歩を安心して踏み出せるように配慮した積もりである。

②何が森か

「木を見て森を見ない」という言葉がある。枝葉ではなく全体を学習しなさいという意味であるが、初心者や独学者には、「何が木で、何が森か」も分からないのである。

このガイド役を担うのが本書の役目である。

この本で「森」を学習して頂きたい。全体を見れば、人は安心する。「あぁあそこまで到達すればいいんだな」と。

本書の利用の仕方

『今年こそ司法書士！』は、「入門の入門」として、司法書士試験に出題される全科目について、基礎的な知識を解説したものである。この「森」の部分を早い段階で、徹底的にマスターし、次のステップへ進んで欲しい。

是非、本書を利用されて、短期合格を目指して頂きたい。

いつも、どこでも、挑戦者を応援している。

著者　三木邦裕

司法書士試験の概要

1 司法書士試験の受験案内と試験の概要

1 受験資格

この試験は、年齢、性別、学歴等に関係なく、だれでも受験することができる。

2 試験日

毎年、7月の第1又は第2日曜日に行われる。令和2年度司法書士試験の実施日程等について新型コロナ感染症の影響等により、筆記試験は令和2年9月27日（日）である。なお、令和2年度の出願者数は前年より2,380人減って、14,431名である。

3 受験案内書の交付期間

令和2年7月8日（水）～同年8月4日（火）

4 受験申込書受付期間

毎年5月上旬から中旬の期間に受付を行っている。令和2年度司法書士試験については、上記試験日の変更により、令和2年7月8日（水）～同年8月4日（火）

5 試験の内容

⑴憲法、民法、商法（会社法その他商法分野に関する法令を含む。）及び刑法に関する知識
⑵不動産登記及び商業（法人）登記に関する知識（登記申請書の作成に関するものを含む。）
⑶供託並びに民事訴訟、民事執行及び民事保全に関する知識
⑷その他司法書士法第3条第1項第1号から第5号までに規定する業務を行うのに必要な知識及び能力

6 試験の時間割等

	時　間	試験の内容
試験場集合時刻	午前9時	
午前の部	2時間（午前9時30分から午前11時30分まで）	上記5の⑴
午後の部	3時間（午後1時から午後4時まで）	上記5の⑵から⑷

7 筆記試験の結果発表

毎年9月下旬又は10月上旬。令和2年度は、法務省ホームページによると、令和2年12月24日（http://www.moj.go.jp）　※筆記試験合格者のみ口述試験を実施〔令和3年1月12日（火）〕

8 合格発表その他

法務省のホームページによると、最終合格者は、令和3年2月1日（月）に掲載する。筆記試験を実施した法務局又は地方法務局においても、最終合格者の受験番号を掲示する。なお、新型コロナウイルス感染症の状況により、更に延期する場合等がある。

受験データ

1 試験科目と出題数（平成31年度の例）

〈択一式〉

科目	出題数	区分	科目	出題数	区分
1憲　法	3問	午前の部／35問	5民事訴訟法	5問	午後の部／35問
2民　法	20問		6民事執行法	1問	
3刑　法	3問		7民事保全法	1問	
4商　法・会社法	9問		8司法書士法	1問	
			9供託法	3問	
			10不動産登記法	16問	
			11商業登記法	8問	

〈記述式〉

科目	出題数	区分
1不動産登記法　2商業登記法	各1問	午後の部／記述式2問

2 試験科目と配点

択一式問題は1問3点。午前の部と午後の部の合計70問で210点。記述式問題は1問35点で計70点。択一式・記述式の総合で280点となる。

3 合格基準点（筆記試験）

合格基準点は法務省ホームページに公表されている。過去3か年の結果は以下のようになっている。

	午前の部	午後の部（択一式）	記述式	合格点
平成29年度	75（105）	72（105）	34.0（70）	207.0
平成30年度	78（105）	72（105）	37.0（70）	212.5
平成31年度	75（105）	66（105）	32.5（70）	197.0

4 合格者の推移

司法書士試験の合格率は、ここ数年、4.1%～4.4%で推移しており、国家試験の中でも特に難関の試験である。その分、合格した時の喜びは格別であり、将来の活躍の場も広がる価値のある資格であるといえるだろう。

	受験者数	合格者数	合格率
平成29年度	15,440	629	4.10%
平成30年度	14,387	621	4.30%
平成31年度	13,683	601	4.40%

合格者男女比（平成31年度）

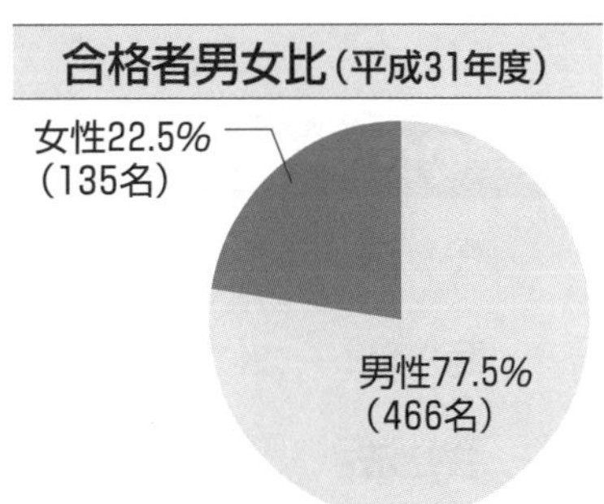

司法書士の「入門の入門」のための 1か月の学習スケジュール

1 総　論

はじめに断っておくが、このスケジュールはあくまで入門の入門のためのものである。本格的な学習はこの作業が終わってからとの見地から立てたスケジュールである点に留意して頂きたい。また、あまり悩まないように1か月を過ごして頂きたい。あくまで全体を把握するのが目的であり、細かい箇所にとらわれないのが賢明である。

さて、司法書士試験は試験科目が多いのでそれを実体法のグループと手続法のグループ、そしてその他の科目と大きく3つに分ける。

実体法のグループとは「民法、商法、会社法」であり、手続法のグループは「民事訴訟法、民事執行法、民事保全法、供託法、不動産登記法及び商業登記法」である。また、その他の科目は「憲法、刑法、司法書士法」である。

2 実体法のグループ

学習を始めると、実体法の方が骨格を掴むのが難しいことに気が付く。従って、実体法のグループを15日と全スケジュールの半分とした。

実体法としてどういう科目があって、どういう内容なのか全体を把握して頂きたい。

3 手続法のグループ

手続法はあくまで実体法を学習した上でなされなければならないが、ここではそれは無視して全体を把握して頂きたい。

4 その他の科目

あまり他の科目と関係を持たないものを学習の対象とする。

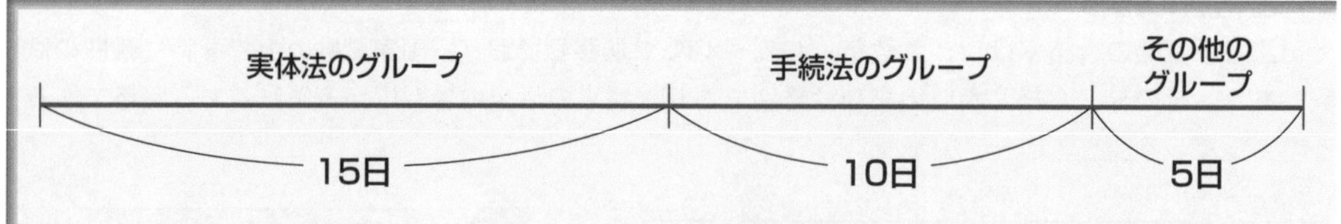

実体法のグループ	手続法のグループ	その他のグループ
民　法	民事訴訟法／民事執行法	憲　法
商　法	民事保全法／供託法	刑　法
会社法	不動産登記法／商業登記法	司法書士法

合格のための
タイムスケジュールの立て方を伝授

短期合格必勝法

司法書士 谷口 俊明

①はじめに

はじめて司法書士試験を目指す皆さんにとっては、勉強を始めてから合格し、ご自身が司法書士になっていくまでの道のりが、とても長いことのように感じられるかもしれません。また、実際にどのような時間の過ごし方を必要とするのか、具体的にどんなことをやっていくのか、ということを具体的にイメージすることは難しいことだと思います。

ここでは、司法書士試験がどんな試験なのか、短期合格に向けてどんなスケジュールを立てたらよいのかなどを、皆さんに紹介していきたいと思います。

また、試験に関してだけでなく、受験の申込みから、晴れて試験に合格した皆さんが、実際に司法書士の登録をなされるまでの具体的な流れを説明していきましょう。

皆さんが司法書士として活躍される姿を想像してみて下さい。きっと、試験を突破する大きなモチベーションになることと思います。

②司法書士試験とは

司法書士試験は、例年１回、７月の第１又は第２日曜日に筆記試験が実施されています（令和２年度に関しては例外)。筆記試験の合格者には、10月中旬に口述試験が課せられ、最終的に試験合格となります（令和２年度に関しては例外)。

法務省の発表によれば、平成31年度の受験者数は13,683名となっています。

筆記試験の科目は１次科目と２次科目に分かれており、１次科目は「憲法、民法、商法・会社法、刑法」、２次科目は「民事訴訟法、民事執行法、民事保全法、供託法、不動産登記法、商業登記法、司法書士法」となっています。また、これらの科目に関連する法律も出題の対象となります。

１次科目は午前の部（午前９時30分〜午前11時30分）で出題され、２次科目は午後の部（午後１時〜午後４時）で出題されます。

試験内容は、これらの科目に対する択一式の試験のほか、不動産登記法・商業登記法については記述式の問題が出題されます。

択一式の問題は、1次科目2次科目とも各35問（105点満点)、記述式の問題は不動産登記法、商業登記法とも各1問ずつ出題されます（2問で70点満点)。また、1次科目の択一式問題、2次科目の択一式問題又は記述式問題の各成績のいずれかがそれぞれ一定の基準点に達しない場合には、それだけで不合格となります。

試験の対象となっている各科目（法律）の出題数には差があり、民法、会社法、不動産登記法、商業登記法からの出題数が多くなっています（Ｐ５参照)。

出題形式については、単純な多肢択一の問題ではなく、組み合わせや正誤の個数を問うものが多く、また書式の問題については単なる登記申請書の作成問題ではなく、事案を通じた判断力を問う形式の問題となっています。

口述試験についても、少し触れておきましょう。

筆記試験の合格者に対しては、口述試験が課せられますが、筆記試験で課せられている試験科目の中から、試験官が口頭で出題する問題（出題数は数問）に対して、口頭で回答する形式で行われます。出題の傾向としては、不動産登記法、商業登記法や司法書士法を中心とした内容となります。

③短期合格を目指すために

①スケジュールを立てる際の注意点

試験内容がわかってきたところで、短期合格への勉強方法や心構えなどをお話していきましょう。

短期合格を目指すためには、簡単なことですが、短期間で合格するための自分なりのスケジュールを立てることが必要です。ただ、余裕を持ったスケジュールでは、短期合格はできません。自分なりに3年で合格したいと考える方は2年、2年の方は1年で合格するためのスケジュールを立てる必要があります。項をあらためて具体的なスケジュールの立て方を説明しますので（P 10・P 11参照）、参考にしてみて下さい。

②短期合格のための学習方法

勉強方法ですが、まず択一式の問題を学習するための基本をお話します。

司法書士試験は受験科目が多いのが特徴です。これらの科目を勉強していくことを考えると気が遠くなるでしょう。ただ、先ほども述べたように、出題数には差がありますから、主要な科目から勉強していくことが必要です。

特に民法は司法書士試験の核となる法律です。民法をどれほど早くマスターしていくかが短期合格への1つのポイントとなります。また、不動産登記法も2次科目の中では一番出題数が多いですし、民法との関連性も強いですから、できるだけ早くマスターしていくとよいでしょう。

次のポイントは、会社法と商業登記法の関係です。司法書士試験において、この2つの法律は非常に近い関係にあり、学習する内容も共通することが多いのが特徴です。このため、これをいかに効率よく学習していくかも短期合格へのポイントとなります。

司法書士試験の択一式の選択肢は、特別難しいものではありません。むしろ、基本的な事項が多く出題されています。法律を学ぶ姿勢として、あまり1つの論点に深入りをしないで下さい。例えば民法の条文に規定されている要件と効果について、その基本的な解釈を理解したり、また要件や効果についての重要判例の要旨を理解することが大事になります。対立する学説の細かな争点などに深入りしてしまいますと、試験勉強という意味では回り道になってしまいます。何年も時間をかけて勉強することが必要なのではなく、いかに基本に忠実に正しく法律を理解していくのかが合格への早道ですから、まずは基本的なレベルでしっかりと法律の考え方をマスターしていくべきでしょう。

ただ、最近の択一問題では、学説上の重要な論点について、学説の対立点などを比較して、思考の過程を問う問題も出題されていますので、基礎をしっかりと学習した後に、重要な学説上の論点にも目を向ける必要があるかもしれません。

最後に、記述式の問題についてですが、事案に対応する応用力が必要となります。記述式問題では、提示される事実関係を正確に判断して、どのような法規を適用すべきかを考えなくてはなりません。ただ難しいことではなく、択一式の勉強過程で皆さんが得てきた法律の知識で、その事案を正確に判断できるかということが問われるだけです。記述式の問題を克服していくためには、法律の基本をしっかりと学習するだけでなく、たくさん書式問題と向き合って慣れていくことも必要です。

③受験予備校などの利用方法

司法書士試験のように難易度の高い国家試験に臨む場合、独学では合格が難しいのではないかと考える方もいると思います。

実際のところ、独学で試験を突破される方もいらっしゃるでしょうが、非常に少ないのが現実だと思います。

独学の場合、予備校へ支払う受講料など試験にかかる費用も抑えられますし、また時間にも拘束されませんから、自分のペースで学習を行うことができます。基本書や本試験の過去問集など、自分に合った書籍を中心に勉強を進めて下さい。ただ、独学の場合のデメリットで最大のものは、理解が困難なところや苦手とする科目への対処方法など、受験仲間や講師などに質問して解決を図っていくことができないことです。一人で何時間も悩んでしまうことは、時間の無駄になってしまいますし、勉強への意欲も失われることになります。

これに対して、受験予備校に通ったり、その通信講座を利用することは、非常に受験コストがかかるというデメリットがあります。

特に通学の場合は、講義の時間にも拘束されますし、講師の生の講義を聴くタイプの講座であれば、より高額な受講料がかかるのが普通です。ただ、独学とは違い、講師に直接質問ができたり、試験のポイントを押さえた講義を聴くことができますから、効率よく学習することが可能です。初学者向けの講座から中上級者向けの講座まで、ご自身の学習状態にあわせて講座選択できるのも強みです。

特に重要なことは、同じように勉強をしている仲間と巡り会えることです。ゼミ形式で一緒に学習することもできますし、お互いに質問し合ったり教え合ったりと、勉強に対する意欲も向上します。受験仲間は司法書士となってからも付き合いが絶えませんから、受験予備校を利用するのも１つの方法です。

なお、受験予備校の通信講座を利用する場合は、通学よりはコストがかかりませんし、独学と違って予備校のテキストを利用でき、講師に質問もできますから、その点はメリットといえます。ただ、質問があっても、通常は質問書を利用しますから、回答があるまで多少時間がかかるのがデメリットです。

皆さんの環境にもよりますから、どの方法がよいとは一概には言えませんが、受験仲間を作るということはかなり重要なことですし、資金的に余裕のある方は、受験予備校に通学することも検討されるとよいでしょう。

④受験のための書籍の利用方法

司法書士試験は法律を学習することになりますから、法律書と向き合うことが必要となります。受験予備校などのテキストを利用される場合は除いて、一般的に利用できる書籍を紹介してみましょう。なお、書籍は、読みやすさやイメージなど、皆さんとの相性もありますから、特定の書籍を紹介するものではありません。ただ、本書「今年こそ司法書士！」のシリーズは、法律を何も知らない方を念頭に「入門の入門」というレベルから始め、さらに次のステップとして「入門」レベルのテキストも発行されています。右も左もわからないという方は本書のシリーズを利用し、じっくり基礎を固めるのも１つの方法でしょう。

法律を学ぶためには、少なくとも「六法」を用意しましょう。判例付の六法がお勧めです。代表的なものでは、三省堂の「模範六法」や有斐閣の「判例六法」などがあります。登記法を学習するのに便利な登記用六法もありますが（桂林書院の「登記小六法」など）、学習を始めるにあたっては判例付六法がよいと思います。

基本書や問題集は、市販されているものから、皆さんの好みに応じて選択して下さい。本当にたくさん出版されていますので迷うとは思いますが、最初のうちは、あまり分厚いものを選ばなくてもかまいません。本書のシリーズもお勧めです。

また、民法や刑法などは大学の講義で使用するような法律書でもかまわないと思います。ただし、１つだけ注意をしてほしいのですが、会社法については、司法書士試験用のテキストを用意する方がいいでしょう。司法書士試験の会社法は、実務としての商業登記手続と密接に関係していますので、大学の講義で使用するよう

●タイムスケジュール例

	8月	9月	10月	11月	12月	1月
1年目	試験内容の把握 ＊本書を利用するとよい	民法から学習を始める ＊並行して択一問題			会社法の学習を始める ＊民法の学習は継続的に行う ＊並行して択一問題	
2年目	民訴・民執・民保⇔民法 ＊並行して択一問題 ＊本格的に書式問題以降本試験まで継続		その他の科目 ＊並行して択一問題			主要４科目（民法、会社法、不動産登記法、商業登記法）の完成に向けて再度学習をする ＊以降、択一問題なども使用して本試験まで継続

な法律書そのものでは勉強がしにくい点があります。

択一式問題集については、過去の本試験問題集だけで十分です。解説部分が詳しいものがお勧めですが、これも好みがありますから、ご自分で手にとって選択して下さい。

書式問題集は、基本的な問題集を用意して下さい。これも数多く市販されていますから悩むと思いますが、本試験のような複合的な事案を処理する形式の書式問題集ではなく、申請書の様式が理解できる程度のものを用意すればはじめのうちは十分です。

最後に、登記法を学習するにあたっては、法務省民事局が発する登記先例を学習することが重要となります。登記先例集として司法書士試験にとって重要なものをまとめたものが市販されていますので、登記法を学習するにあたっては、これを揃えておくと便利です。

登記法では、重要先例に関する択一式問題が繰り返し出題されていますし、記述式問題にも応用されています。民法などでは判例が重要ですが、登記法では先例が重要なウエイトを占めます。

⑤受験生活の心構え

受験生活に対する心構えにも触れておきましょう。

皆さんにお伝えしたいのは、「諦めなければ必ず合格する！」ということです。

期間の長短はありますが、諦めずに勉強を続ける限り、その方は必ず合格します。司法書士試験はまったくの努力型試験です。

ただ、司法書士試験は難関な国家試験の１つですから、無計画な受験生活では合格はできません。楽しいことを我慢して、試験に打ち込む生活を過ごすこと、自分自身に厳しくあることが必要です。

皆さんご自身のやり方をじっくりと考えて、今、自分にとって何が一番大事なことなのか優先順位をハッキリとさせ、しっかりとした計画を立てて下さい。

受験勉強、仕事、家事、友達との付き合い、恋愛など、皆さんにとってその時々で重要としたいものが違うと思いますが、受験勉強にどれだけウエイトがかけられるかを真剣に考えることが重要となります。

～8月から学習を始めた場合～

2月	3月	4月	5月	6月	7月
	不動産登記法 ⇔民法 ＊並行して 択一問題 ＊並行して 基礎的な 書式問題			商業登記法 ⇔会社法 ＊並行して 択一問題 ＊並行して 基礎的な 書式問題	
		その他の科目の完成に向けて再度学習をする ＊以降、択一問題なども使用して本試験まで継続		主要４科目を中心に最終的な知識確認作業に入る ＊並行して模擬試験などを受ける 苦手とする科目について再度学習をする	受験・合格

④短期合格へのタイムスケジュール

短期合格へ向けたタイムスケジュールを組んでみました。

表だけを見ると多少わかりにくいかもしれませんので、少し解説をしておきます。

これまで述べてきたように、司法書士試験は、民法、会社法、不動産登記法、商業登記法をいかに早くマスターするかが鍵となります。特に民法は民事訴訟法や供託法などの理解にも必要ですから、とにかく試験のはじめから終わりまで何度も継続して学習を繰り返す必要があります。

また、民法と不動産登記法、民法と民事訴訟法、会社法と商業登記法など相互に関連し合う法律の学習は、同時に行うと効果がありますし、民法、会社法の復習も兼ねることになります。

各科目を学習する際には、過去の本試験問題集を用意して、それを解いていくと、学習する範囲や要求される知識の深さが確認できてよいでしょう。

さらに書式の問題は、基礎的な問題と本試験の形式に合わせた複合的な問題とがありますから、学習進度に合わせて使い分けて解いていくとよいでしょう。

本書は「入門の入門」としての位置付けですから、試験内容を把握するものとして、学習の前段階として一読されると、その後の学習がスムーズになる効果があります。

また、上のタイムスケジュールにおいて１年目の学習の際には、本書のシリーズである「ゼロからはじめる入門テキスト」をまず利用して各科目の基本事項を学習すると、学習の指針が定まってさらに効果があるでしょう。

例として８月から学習を始めた場合を紹介しますが、学習を開始するのは皆さんが司法書士試験を目指そうと決断した時ですから、その時点から本試験までのスケジュールを立ててみて下さい。

⑤受験申込みから合格・登録までの流れ

それでは、実際に試験を受けるための受験申込みから、合格して司法書士登録を受けるまでの流れを具体的に説明していきましょう。合格だけでなく、実際に司法書士となるまでをイメージできれば、きっと皆さんの励みにもなるのではないでしょうか。

①受験申込書の交付

まず受験案内と受験申込書の交付を受けます。

受験をしたい方は、お近くの法務局又は地方法務局の総務課で受験案内と申込書の交付を受けて下さい。郵送で交付を求めることもできます。

②受験申込み

受験案内には、受験申込期間や受験料、その年の試験日程などが記載されています。

申込書に必要事項を記載し、申込期間内に、受験しようとする地の法務局又は地方法務局の総務課宛に申し込みます。郵送でもかまいません。令和2年度の受験料は8000円、試験日は9月27日（日）です。

③筆記試験

申込みが受け付けられた場合には、受験票が送付されてきます。受験会場は受験票に記載されています。

試験時間は、前にも述べましたが、1次科目（憲法、民法、商法・会社法、刑法）が午前の部として午前9時30分から午前11時30分まで、2次科目（民事訴訟法、民事執行法、民事保全法、供託法、不動産登記法、商業登記法、司法書士法）が午後の部として午後1時から午後4時までとなります。

④筆記試験の合格発表
⑤口述試験
⑥最終合格発表

合格発表の日時等、令和2年度司法書士試験に係る最新情報については、法務省ホームページにおいて公表する予定であるので、引き続き、法務省ホームページの情報を御確認頂きたい（4頁参照)。

⑦登録

合格者が司法書士として仕事をするためには、事務所所在地の司法書士会において司法書士登録をしなければなりません。なお、日本司法書士会連合会主催の新人研修会や、各司法書士会において合格者に対する登録前の各種実務研修が課せられていますので、その研修修了後に登録することになるのが通常です。

登録前の実務研修の内容は各司法書士会で異なると思いますが、司法書士として業務に携わるための基本的な心構えやスキルの習得が目的です。

⑧簡裁代理権の取得

司法書士は簡易裁判所の訴訟代理権（簡易裁判所代理権と呼んでいます）を得ることができますが、司法書士試験に合格しただけで当然に与えられるわけではありません。

司法書士法上、簡裁代理権を取得するためには、その認定を受けなければなりませんので、認定を受けるために日本司法書士会連合会の実施する特別研修が行われています。現在は、毎年おおよそ2月から3月まで1ヶ月半ほどの期間で特別研修が行われています。

特別研修は、司法書士が簡裁訴訟代理関係業務を行うにあたって必要な能力を習得することを目的とする研修ですが、具体的には、講義形式だけでなく、少人数制のゼミや模擬裁判、裁判所の協力を得て実施される実務研修等がその内容となっています。

さらに、特別研修を終了した者には、６月はじめに認定のための考査試験が課せられており、その合格者が簡裁代理権を有する認定司法書士となります。

日本司法書士会連合会が実施している研修制度について、以下にまとめました。

⑥最後に

司法書士試験を受けるための基本的な情報や、登録までの過程をお話してきました。皆さん、具体的なイメージがわいてきたでしょうか？

司法書士試験は、難易度の高い国家試験ですが、手の届かない資格では決してありません。

自分自身に厳しく、しっかりとした計画を立てて、試験中心の生活を送ることは、並大抵のことではありませんが、それでもこれを成し遂げた者だけが合格を勝ち取ることができます。

合格までにはいろいろと困難なことも出てくるでしょうが、必ず乗り越えることができるはずです。

皆さんの健闘をお祈りいたします。

日本司法書士会連合会が実施するさまざまな研修制度

● 新人研修 ●	● 会員研修 ●	● 司法書士特別研修 ●
〈対象者〉 司法書士となる資格を有する者で、１年以内に登録・入会を予定する者（必修） **〈研修内容〉** 登録・入会にあたって必要とされる知識の講義と演習	**〈対象者〉** 司法書士会会員（必修） **〈研修内容〉** ・単位制研修（年間12単位取得） ・年次制研修（5年次ごとに行う倫理研修）	**〈対象者〉** 司法書士会会員又は資格を有する者のうち、希望者 **〈研修内容〉** 簡易裁判所での訴訟代理関係業務を行うにあたって必要な能力を習得するための講義、ゼミナール、実務研修等

初めて学ぶ人のための

司法書士試験の学習法

なにごとも初めが肝心です。方向性を間違えると、なかなかゴールにたどり着かないことになりかねません。確実な学習法を学び、一気にスタートダッシュを決めましょう。

①はじめに

⑴ 言葉の壁

法律を初めて学習するときに、一番気をつけなければならないのは、言葉である。

学問の入り口は言葉である。言葉の正確な理解から学習を始めていくことが必要である。

知らない言葉が出てくれば、一生懸命覚えようとするであろう。従って、これについてあまり心配はしていない。

問題は知っている言葉である。学問にもよるが、法律の世界では通常の意味と異なる言葉の使い方をすることがよくある。

「あ～○○か。よく知っている」というのが、実は曲者なのである。

分かった積もりでいるととんでもない目にあう。よく知っていると思う言葉に油断するなかれ。肝に銘じて頂きたい。

⑵ 経験の壁

法律の授業をしていると次のような指摘を受けることがある。

「今の先生の説明は間違っていませんか」

実は、この質問をする多くの場合、質問者の方が間違っているのである。

何故このようなことが起こるかというと、その人は何らかの理由で法律の実務についていて、間違ったことを繰り返し行っているのである。それで今まで問題が生じたことがなければ、僕の言う方が間違っていると考えるのである。

実務で問題が生じた場合、質問者の仕方では訴訟で負ける可能性がある。それは法律に則って行っていないからである。

ここに経験の壁がある。法律的な経験が法律の学習の邪魔をする。

よく経験のない真っ白な人が1回で合格することがあって驚く。また、「あんなによく知っている人が何故不合格なのだろう」と首をかしげることもある。

これらは何も不思議ではない。前者は経験が邪魔をしなかったし、後者は経験が邪魔をしたのである。

もし、あなたが実務についている人であれば、このことも肝に銘じておいて頂きたい。

②法律の学習方法

法律の試験の学習方法（特に司法書士試験）においてよく言われるのは、「基本書を精読すること」「判例・先例・通説をよく理解すること」「条文をよく読み意味を理解すること」、「過去に出題された問題（以下「過去問」という。）を解くこと」及び「良質の予想問題をこなすこと」である。

1つ1つ説明していく。

⑴ 基本書

①基本書の選択

基本書というのは、文字通り法律を学ぶ上で基本とする本のことである。

自分に合ったものを選ぶことが法律を学ぶ第1歩である。

ただ、自分にあったものと言っても、右も左も分からない初心者が自分に合った基本書を探し出すことは非常に難しいことである。

この場合、定評のある基本書を選ぶことである。また、友人が法律を学習していれば、その人の意見を聴くことも大切なことである。ただ、あまり、厚い基本書を選ぶべきではないと思う。1回読んで「あ～分かった」という人は稀であろう。何度も読み返すものである。何度も読み返すものであれば、なるだけ薄い基本書を使うことをお勧めする。

その代わり、参考書として厚い本を選べばよい。

また、一度決めた基本書をころころ変える人がいる。これはできるだけ止めて頂きたい。よほど合っていなければ別だが、一度基本書を決めたらボロボロになるまで読み込んで頂きたい。

②基本書の精読

精読というのは、じっくり自分のものとするように読むことである。初めは知識を吸収するのに夢中であろう。ただ、この段階が終わればじっくり噛み締めるように理解しながら読むことである。

基本書は薄いのがいいと前述した。運転免許を持っている人は分かるだろうが、起こりうるすべてのことを教習所で学ぶわけではない。では習っていないことにどうして対処できるのかというと、単なる知識だけではなく、物事を理解しているからである。

法律の学習も同じである。知らない問題が出題されることはよくあることだし、考えたこともない問題にぶつかることもあるだろう。これらを解決できる力はいかに理解しているかにかかっているといえる。

よく語呂合わせで覚えている人がいるが、語呂合わせはいざという時、何も教えてはくれない。何も生み出してはくれないのである。

知識を自分のものとして、頭の引き出しに入れる。いざというときはいつでも引き出せるように用意されている。そういう読み方ができれば、最高である。

⑵ 判例・先例・通説

①判例

判例とは裁判所の見解である。法律に関する紛争を最終的に処理するのは裁判所である。従って、裁判所がどのように判断しているかは非常に重要なことである。

判例は多数あるが、最初は基本的な判例から学習するべきである。最初からやたらに手を広げて分厚い判例集などを読むと収拾がつかなくなるので是非避けて頂きたい。

基本的な判例は皆さんの基本書に掲載されているはずである。

判例は、事実を図示してゆっくり読み、自分ならどう判断するかを考えながら読むと、下手な小説を読むよりずっと面白い。「事実は小説より奇なり」というのは本当である。

基本的な判例が一応終了すれば、過去問に判例が登場しているのでこれも学習することである。

ここまでくれば、判例がどのような見解に立っているかを判断することができる。そうなると見たこともない判例にも一応の反応はできることになる。

②先例

上記①の判例が司法権（裁判所）の判断なら、先例は行政権の判断だと理解して頂きたい。

実務では先例に従うことが要求される。司法書士は登記実務をその主たる業務とするが、その登記をする登記官は行政権に属している。彼らの判断を尊重すべきなのは当然である。そうしなければ、登記を受け付けてもらえないからだ。登記ができない司法書士は失格である。

これも上記①の判例と同様、最初は基本的な先例から学習するべきである。最初からやたらに手を広げて分厚い先例集などを読むと収拾がつかなくなるので是非避けて頂きたい。

基本的な先例は皆さんの基本書に掲載されているはずである。

基本的な先例が一応終了すれば、過去問に先例が登場しているのでこれも学習することである。

ここまでくれば、先例（行政権）がどのような見解に立っているかを判断することができる。そうなると見たこともない事例にも一応の反応はできることになる。

③通説

司法書士試験では学説を問うこともある。学説とは学者の考え方である。学者の考え方は様々であるが、多くの学者が同じように考えている見解を「通説」と呼んでいる。

何が通説かは基本書に示してある。

ところで、通説は判例と同様の見解であることが多いが、この２つが対立している問題がある。こういった問題は、試験での出題し易い箇所であるから、留意して学習することが肝要である。

⑶　条文

司法書士試験は科目数が非常に多い。従って、それらの科目の法律の条文数は膨大なものとなる。

しかし、条文は法律の学習の中心であることは間違いない。条文を疎かにはできない。

条文さえ知っていれば、解ける問題は多いのである。

そこで、条文の学習法が司法書士試験の大きな決め手となる。

私は、次の２つの方法を並行して行うことをお勧めする。

１つは、基本書を読みながら又問題を解きながらそこに出題されている条文に一々当たり、読んで理解することである。

もう１つは、時間を見つけてはセッセと条文を順番に読んで理解することである。

何故、この２つの方法を勧めるかというと、第１の方法によって重要な条文を知ることができる。しかし体系的に理解することはできない。これができるのは、第２の方法である。第２の方法を是非試して頂きたい。単に条文だけを読んでいくというのは単調な学習方法であると思われるかも知れない。しかし、それをすることによって、法体系を理解することができる日が必ず来る。

大げさなようであるが、条文は一国の文化の発展途上ではあるが、少し前の到達点である。そこには歴史がつまっている。噛みしめて頂きたいと思う。

⑷　過去問

①学習の意味

過去問を学習することには、この試験のアウトラインを知る意味がある。

過去にどういう問題が出題され、出題されなかったかを学習することによって、どこまでの知識や理解を司法書士試験が要求しているのかを知ることができる。

よく過去問はもう既に出題されたものであるから、アウトラインを知るためには良いがそれ以上の意味はないという人がいる。

とんでもない話である。

過去問は、今年のそして来年の、大きくいえば将来の問題がどの方向を指しているかを示しているといえる。その意味で過去問こそ最良質の予想問題であるといえる。

過去問は嘘をつかない。何回も繰り返し行うことによって、実力がついていくことを感じるであろう。

②学習の方法

さて、過去問には２つの学習の方法がある。１つは、出題年度ごとに学習する方法である。もう１つは、項目ごとに学習する方法である。

どちらも重要でありどちらを優先させるべきだとにわかには論じがたい。だから２つの方法に合わせて過去問集が出版されている。

人間の頭の構造からいえば項目ごとに解いていくのがベターであるが、その年ごとの全体としての難易度を知るためには出題年度ごとに学習するのがベターであろう。

因みに、私個人としては項目ごとがいいと思っている。何故なら、これが自然に理解するために良い方法だと考えるからである。しかし、どちらにもそれ相応の理由があり、まぁ個人の好みの問題と思って頂きたい。

③過去問の利用法

問題を解いて「正解したか不正解か」だけで終わる人がある。否これが大半の受験生である。

しかし、これだけでは実力はつかない。ただ学習したという満足感だけが残るだけである。

１つ１つの肢（あし）について、○×を付けて×なら何故×なのかの理由付けも必要である。５肢選択であるから当たる確率は20％もある。従って、まぐれで正解に達することもあるのである。

このような学習方法では今度同じような問題が出題されても正解するとは限らない。

１問１問を大切に自分のものとするまで学習して頂きたい。

なお、完璧に覚えた積もりでも２回目に同じ問題を解いたとき間違うことがある。「あんなに完璧に覚えたのに…」とショックを受ける場合もあるだろう。

何故、そうなるかというと、その問題があなたの体系にあっていないのである。人間には一定のこう考えがちであるという方向性がある。従って、間違った箇所を完璧に覚えた積もりでも形状記憶合金と同じように、数か月たつと元に戻ってしまうのだ。

これに対処するためには、自分の体系にあっていないことを自覚すべきである。多分そのような問題は覚えにくいものと思われる。記憶に積極性が要求される。

これを裏返せば、何度やっても正解する問題もあるはずである。例え何十年後に同じことを問われても同じ答えが返ってくる。これはあなたの体系にあっているのだ。このような問題はもう学習する必要はない。多分、自分にとって十分に納得いく答えであり覚えやすいと思われる。

(5) 予想問題

予想問題の学習の方法、利用法は上記(4)の過去問と同様である。

ただ、問題を選んだ方が良い。定評のある良問を解かないと、合格に遠くなるように導かれる可能性がある。

③司法書士試験の各科目の学習法

(1) はじめに

前述したように、司法書士試験の科目は非常に多い。従って、効率よく学習をこなさないと時間ばっかりかかり、気がついたら１年を経過して試験日間近だったということがある。

そこで、学習スケジュールを立てることをお勧めする。それも自分の実力はある程度お分かりだろうから、１年で合格水準まで一気にもっていくスケジュールを作る人もいるし、じっくり２年又はそれ以上かけて学習するスケジュールを立てる人もいると思う。

私の教えた経験によると、全く法律は初めて学習し１年で合格する人もいるにはいるが稀である。そういう人は学生や勤めを辞めた人（時間があるということ）である。勤めながら学習する人が多いのに１年で合格できると言い切る勇気は私にはない。１年で合格できるという甘い言葉（？）に乗るのはいかがなものかと思う。

従って、ここでは最低２年かけて合格水準に達するスケジュールを組むことをお勧めし、それを前提に学習方法を考えてみる。

(2) 民法、不動産登記法、不動産登記法の記述式

①総論

民法は民法単独で学習しなければならない。

民法はその項でも書いたが、膨大な量に上る。

ただ、民法は不動産登記法と関係付けて学習する方が効率的である。

ここではまず、民法の学習方法から考え、次に不動産登記法、そしてその後の統合（記述式）について考えてみよう。

②民法

民法の学習方法については、昔から様々な方法が提唱されている。

その中で私は最もオーソドックスな方法をお勧めする。

それは、民法の成立に沿って学習する方法である。

まず、総則、そして物権と債権、最後に家族法という学習法である。

総則は物権と債権の共通事項であり、家族法はその点独立しているといっていいだろう。

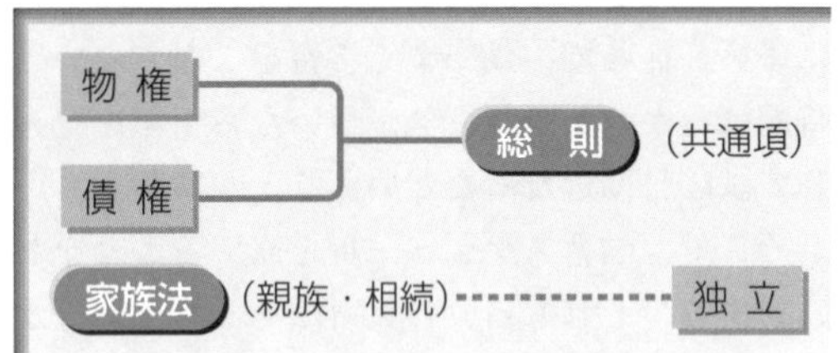

特に物権については、司法書士特有となるが、深く突っ込んだ学習が必要である。

物権の中でも抵当権（根抵当権を含む）に関しては最も深い理解を必要とする試験であることは最初に理解しておいて頂きたい。

そのため、特に物権に力を入れることをお勧めする。そして、その流れで相続との関係をしっかり理解して頂きたい。

③不動産登記法

本文でも述べたが、不動産登記法は不動産についての手続法である。

不動産登記法特有の問題はその中で理解する必要があるが、この法律全体を理解するためには、実体法である民法、特に物権法を理解することが不可欠である。

あとは、時間軸（時間の流れ）をしっかり把握することである。時間軸についての把握が十分でないと、混乱するおそれがある。肝に銘じて頂きたい。

不動産登記法そのものの理解は機械的といっても過言ではない。例えば、どういう方法で申請し、これをどこの登記所に提出するのか、それは何の登記を意味するのか等の基本的な問題は、言葉に気をつけて記憶に努めることが肝要である。

④記述式

例えば、相続や売買があり不動産が移転したとか、消費貸借があり抵当権が設定されたとかの事例がある。

この事例に即して、どのような申請をなすべきかを書式に表す必要がある。これが記述式の問題である。

この書式を作り上げるためには、不動産登記法の知識は勿論必要であるが、より必要なものは実体法（民法等）に関する知識、理解である。

初めにこのようなことを聴いても分からないかもしれないが、学習が進むにつれ実感することであろう。

書式の実力を向上させるには、とにかく具体的な例に当たって書くということも勿論大事であるが、何よりも実体法（民法）の理解が絶対条件である。

例えば、添付情報を考えてみよう。何故、この情報が添付されるのか。すべての書式を暗記するわけにはいかないし、またその必要もない。そこには、実体法（民法）の知識、理解が不可欠である。民法の規定はこういう構成要件であるから、この書類が必要だ、というように考えて頂きたい。

これが、書式の実力をアップさせる唯一の道であるといえる。

⑤民法、不動産登記法、不動産登記法の書式の関係

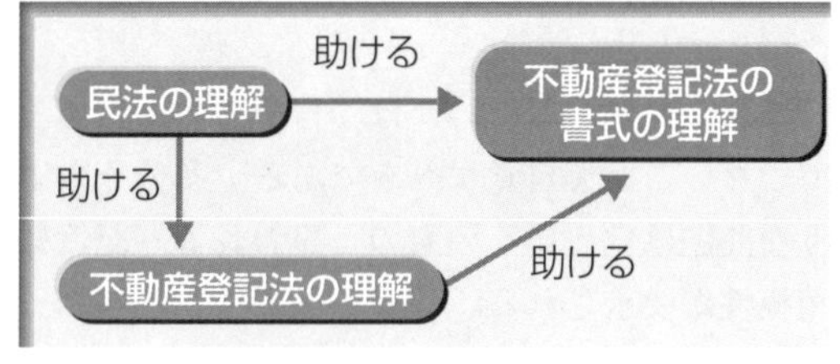

従って、基礎となる民法を理解しなければ、不動産登記法の理解もあり得ないし、皆さんにとって重要な不動産登記法の書式の理解もあり得ないと思われる。

すべての原点は、民法にある。

⑶ 商法・会社法、商業登記法、商業登記法の記述式

①総論

商法・会社法はそれ自体を学習しなければならない。

商法・会社法、特に会社法はその項でも書いたが、膨大な量に上る。

ただ、商法・会社法は商業登記法と関係付けて学習する方が効率的である。

ここではまず、商法・会社法の学習方法から考え、次に商業登記法、そしてその後の統合（書式）について考えてみよう。

②商法

商法そのものの条文数は少ない。理解も法律の中では容易であるといってもいい。

法律的な言葉が何を意味しているかが学習の中心となる。例えば、商人、商号、商業使用人、代理商、商行為等が中心である。

中でも重要なのは第1に商号である。過去にも商号に関する問題は出題されている。

第2に商人及び商行為である。商行為についてはその中で概念が分かれており、商人概念と絡み合っている。

また、商法と民法との差異も学習しなければならない。

③会社法

会社法は文字通り会社に関する法律であるが、株式会社が中心となる。

株式会社においては、設立、株式、機関、資金の調達、計算及び組織再編とブロックごとにこの順で学習していくのがベターである。

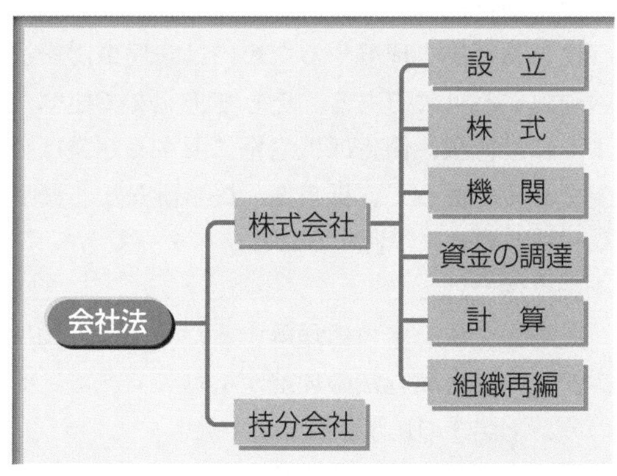

理解したと思われる段階でそれぞれの関係を把握することが重要であるが、これは学習が進んでからでよい。初めからそれぞれの関係を把握する作業をしていると、何を学習しているのか分からないという悪循環に陥る可能性がある。

さて、それぞれのブロックの中で混乱すると思われるのが機関である。株式会社においては種々の機関が登場するがそれぞれの果たす役割を把握した後に、機関相互の関係、そして全体の把握に移行しているのがベターである。

これも株式会社の理解と同様に、初めからそれぞれの関係を把握する作業をしていると、何を学習しているのか分からないという悪循環に陥る可能性がある。

また、株式会社以外の持分会社についても気を抜くことはできない。

会社法を理解することは民法を理解するのと同程度に重要な点であることを忘れないで頂きたい。

④商業登記法

本文でも述べたが、商業登記法は会社等についての手続法である。

商業登記法特有の問題はその中で理解する必要があるが、この法律全体を理解するためには、実体法である会社法、特に株式会社法を理解することが不可欠である。

前述の不動産登記法との最も大きな相違は不動産登記法が権利の客体である不動産に関するものであるのに対し、商業登記法は権利の主体である会社等に関するものであるということである。

不動産登記法	権利の客体に関する登記
商業登記法	権利の主体に関する登記

このことを前提に学習を進めて頂きたい。

商業登記法そのものの理解は機械的といっても過言ではない。例えば、どういう方法で申請し、これをどこの登記所に提出するのか、それは何の登記を意味するのか等の基本的な問題は、言葉に気をつけて記憶に努めることが肝要である。

⑤記述式

これは前述した民法、不動産登記法、記述式の関係と同じである。

例えば、会社を設立する、取締役が変更した、株式を併合したとかの事例がある。

この事例に即して、どのような申請をなすべきかを書式に表す必要がある。これが書式の問題である。

この書式を作り上げるためには、商業登記法の知識は勿論必要であるが、より必要なものは実体法（会社法等）に関する知識、理解である。

書式の実力を向上させるには、とにかく具体的な例に当たって書くということも勿論大事であるが、何よりも実体法（会社法等）の理解が絶対条件である。

不動産登記法と同じようにここでも、添付書面を考えてみよう。何故、この書面が添付されるのか。すべての書式を暗記するわけにはいかないし、またその必要もない。そこには、実体法（会社法等）の知識、理解が不可欠である。会社法の規定はこういう構成要件であるから、この書類が必要だ、というように考えて頂きたい。

これが、書式の実力をアップさせる唯一の道であるといえる。

⑥商法・会社法、商業登記法、商業登記法の記述式の関係

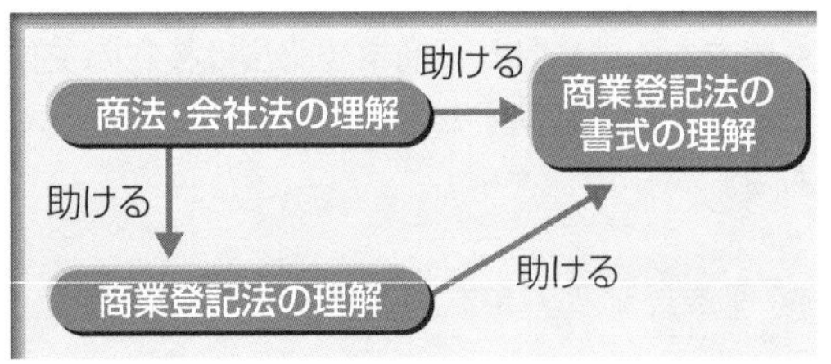

従って、基礎となる商法・会社法を理解しなければ、商業登記法の理解もあり得ないし、皆さんにとって重要な商業登記法の書式の理解もあり得ないと思われる。

すべての原点は、商法・会社法にある。

(4)　民事訴訟法、民事執行法、民事保全法

①総論

この３つの法律は、上記(2)、(3)の実体法（民法、会社法等）や手続法（不動産登記法、商業登記法）と密接に関係している。

従って、これらの理解と並行して学習することも１つの手段である。

ただ、この方法も実際においては難しいところもあるので、それぞれの法律を学習し３つの法律を統合して、その後書式等と統合することをお勧めする。

②民事訴訟法

民事訴訟法の学習の特徴は、最後が分からなければ最初が分からないという点である。最初の学習の時点で最後に学習することが登場する。

従って、受験生の間からは煙たがられている存在で「眠りの素、眠素（みんそ）」等と陰口をたたかれている。

民事訴訟法の構造の理解そのものと、民法や会社法等の実体法との関係は区別して理解することが望ましい。しかし、民事訴訟法の構造そのものの理解に実体法の知識が必要な場合があるので学習には中々厄介なものがある。

私は、実体法に関する最低限の知識があれば、民事訴訟法を理解できると考えている。従って、民事訴訟法を学習していて実体法の理解が前提となる場合は民事訴訟法の理解を一時止めて、その理解に必要最低限の実体法の知識を吸収すべきであると思う。

これは中々難しいかも知れないが、民事訴訟法そのものの理解を助け、同時に実体法の学習もできるいい機会だと思えばよい。

③民事執行法

民事執行法を理解するためには、民事訴訟法の理解が不可欠である。そして上記②で述べたように最低限、例えば抵当権に関する知識は必要である。従って、抵当権、民事訴訟法、民事執行法と順番に学習することがベターであろう。

④民事保全法

民事保全法を本当に理解するためには、民事訴訟法、民事執行法の理解が不可欠である。その分、上記③の民事執行法より難しいといえる。ただ、民事保全法の構造そのものが民事訴訟法や民事執行法に比べて易しいので民事保全法の

理解の方が進むかもしれない。

⑸　供託法

供託法は、上記⑵〜⑷の統合的理解が不可欠な法である。

ただ、供託法そのものの理解は、他の法律に比べて比較的易しいものと思われるので、出題数は少ないが、挫折せずに学習して頂きたい。

⑹　憲法、刑法、司法書士法

①総論

憲法、刑法及び司法書士法は上記⑵〜⑸とは無関係に学習することができる。

従って、出題数は少ないが捨てないで学習して頂きたい。

②憲法

本文でも書いたが、憲法は条文も少ないので、全部覚えるぐらいの気概で学習して頂きたい。

人類の歴史の到達点の１つを学習しているのだと思うことも大切なことである。

③刑法

本文でも書いたが、刑法は法律の中で最も論理的な学問の１つである。

従って、論理を楽しんで頂きたい。

パズルのように楽しんで学習して頂けたら実力は確実にアップするであろう。

④司法書士法

司法書士法は、司法書士はかくあるべきという法律である。

皆さんに密着した法律だから、成程と思って学習すれば自然に頭に入ると思われる。

以上、縷々述べたが、皆さんが精進され、目標を達成されることをお祈りする。

私のこんな学習方法

人間は忘れる動物である、従って忘れる以上に覚えることである。とよく教科書等には書かれてある。しかし、これは大変な努力のいる学習方法である。

昨日のことも覚えていないのに、これから学習していく法律を覚えていくなんて…。

そこで、今まで自分が学習したことを誰かに聞いてもらうという学習方法を提唱したい。僕は自慢ではないが、非常に忘れっぽい性格である。編集部の人からも何度言われても忘れてしまう。そんな僕が法律を覚えている理由はただ一つである。それは、ゼミや講義などを通じて皆に話しているからである。

話を聞いてくれる人は、当然法律に興味がある人だ。真剣そのものの眼差しを感じながら話をする。講義を始めて最初の頃は詰まることがあった。詰まるところになると、急に話を難しくしたのは昔の話である。つまり、誤魔化そうとしているのだ。しかし、他人は誤魔化すことができるが、自分を誤魔化すことは絶対にできない。詰まるところは、自分が理解していないところである。それをまた、一生懸命学習することである。

出来れば、聞いてくれる人が質問してくれるのがいい。待ってましたと答えるのか、首を傾げるのかはその時の皆の学習次第である。

そんな都合のいい人がいるのか、と思われる方もいるかもしれない。一番いいのは配偶者である。夫又は妻が司法書士になるために学習しているのを助けるのが配偶者の役目である。なにしろ生活がかかっているのだから…。結婚していない人はボーイフレンドやガールフレンドがいい。それもないという人は壁に向かってでも話すことが必要である。詰まったところが自分の弱点であることを認識しながら…。

現役司法書士からの「受験アドバイス」と「仕事案内」

司法書士って こんな 仕事です

司法書士の可能性は無限大

司法書士　山田　美穂

◆司法書士を目指す皆さんへ、現役の司法書士として活躍している山田美穂先生から「受験勉強の仕方」や「司法書士の仕事」に関するアドバイスをいただきました。

1 はじめに

私は、司法書士の山田美穂と申します。平成24年に司法書士試験に合格し、平成26年に司法書士登録をしました。司法書士業界ではまだ若手ですが、これから司法書士を目指す皆さんに、司法書士のリアルな現状をお伝えできればと思います。

2 私が司法書士試験に合格するまで

①大学→司法試験→裁判所事務官

大学在学中は、法学部に在籍し、弁護士を目指して旧司法試験を受験していました。

大学を卒業してからも旧司法試験の勉強を続けていたのですが、合格のきざしも無く、就職して働いている同級生が眩しく思えて仕方がなくなってきたので、大学卒業の翌々年から、裁判所職員採用試験に目標を変更しました。公務員試験の対策はしたことがなかったので、数的処理などに苦労しましたが、なんとか合格することができました。

裁判所では、初めて社会人になり、一人前の働きをしたいと意気込んだのですが、日に日に裁判所職員という仕事が自分には向いていないという思いが強くなりました。もともと弁護士を志していたこともあり、組織の一員として働くよりは、資格を取得して独立自営の働き方をしたいと思うようになりました。

私の裁判所事務官としての配属先は、前橋地方裁判所の民事部執行係でした。窓口業務では、弁護士事務所の事務員さんが来るほか、司法書士の方も来所されることがありました。弁護士と違って、司法書士は本職本人が窓口に来ることが多かったので、司法書士の先生方とのやり取りが何度かありました。どの先生も、低姿勢で真面目な印象で好感を持ち、自分も司法書士の勉強を始めてみようと思いました。

②裁判所退職→司法書士へ

裁判所で働きながら市販のテキストを読んで試験勉強をしていましたが、仕事が忙しくてなかなか捗らないので、司法書士試験に受かってもいないのに、裁判所を退職してしまいました。

すぐに受かるだろうと（何故だか）たかをくくっていたのですが、受かったのは退職から3年後でした。

司法書士試験の受験生時代は、昼間は賃貸仲介の会社で物件入力のアルバイトをして、夜に勉強をしていました。そして週末には資格予備校で答練（答案練習のこと。出題範囲の予告されている模擬試験のようなもの）を受講するという生活でした。最初は無残な点数でしたが、答練の順位はじりじりと上がっていき、合格した年は、成績上位者として自分の受講生番号が冊子に載ることが多くなっていました。

③勉強方法

私の勉強方法は、テキストを読み、ノートにまとめて、対応する箇所の過去問や答練の問題を解く、という古風なものでした。ノートを作るだけで大変な時間がかかりましたが、小学生のころから「教科書→ノート→問題集」という順序でやっていて、自分にはこれしかないし、多分これが一番合っていると思っていたので、そのまま突き進みました。

ノートを作る勉強方法というのは、受験界ではあまり推奨されていないと思います。

勉強をはじめようと情報収集をされますと、様々な勉強方法が紹介されていると思います。方法に迷われたときは、ご自身の過去の勉強方法を基準にお考えいただけるとよいのでは、と個人的には思います。

③司法書士の業務内容

まずは以下に、司法書士の主な業務を記載します。司法書士制度の誕生は1872年8月3日とされ、2022年には150周年の節目を迎えます。1世紀半にわたり、法律と人々の暮らしの架け橋となって、この国の一人ひとりの権利を守ってきた司法書士の仕事は多岐にわたります。

①登記業務（不動産、商業）

ア　不動産登記

司法書士の主な業務は、不動産や会社の「登記」です。

その中で最も多いのが、土地や建物を売買するときに必要な「不動産登記」の手続です。

登記とは、土地や建物などの財産についての権利を公的に示すために、法務局にある登記ファイル（登記簿）と呼ばれる台帳に記録することです。

例えば、土地の売買についての不動産登記の依頼を受けた場合、まず登記事項証明書を確認し、土地の場所や広さ、所有権の名義人などを確認します。次にその土地を売却した人と購入した人から登記申請を代理として行うための委任状を受け取り、売買契約書や法務局の発行した登記識別情報又は権利証、市町村の発行する売主の印鑑証明書などを精査した上で、申請書などの必要書類を作成し、法務局へ提出します。

一般の方が司法書士と接するのは、自宅の購入時が多いと思います。司法書士の業務の中でも不動産登記をメインとしている司法書士が多いです。

不動産登記には単独申請ができるものと、権利者と義務者が共同申請しなければならないものがあります。ちまたでは、登記は自分でできる、とご自身で挑戦される方もおり、それは単独申請においては可能なのですが、共同申請となると登記の専門家が介在してはじめてスムーズな取引が可能となります。

昨今では、AIが発達すれば司法書士が不要になる!?という言説も聞かれますが、利害関係人の話を十分に聴き取り、権利を手放す人と手に入れる人の双方からの思いを汲み取ったうえで法律関係を精査し、それを登記書類にまとめあげていくことがロボットにできるような時代が来れば話は別ですが、コミュニケーションが基本となる業務ですので、当面はAIにとって代わられることはないだろうと考えます。

イ　商業登記

商業登記業務は、株式会社や合同会社が役員情報、資本金額など、会社にとって重要な情報を法務局で登録する申請の代理を行うことです。

昨今、司法書士の「商業登記離れ」という問題が指摘されています。商業登記の分野は必要な知識が多いため、不得意意識を持つ司法書士が多いという現状があります。

例えば、会社の合併などの組織再編は、手続を確実に積み上げる必要があるため、弁護士などと協同してスケジュール管理をしながら進めることになり、登記の専門家としての真価が発揮される場面です。皆さんにはぜひ、合格後も知識を温存して、組織再編も見事にこなせる、商業登記の得意な司法書士になっていただきたいです。

②裁判書類作成業務、簡裁訴訟代理等関係業務

司法書士は、裁判所等に提出する書類を作成することができます。裁判所に提出する書類とは、例えば、訴状や各種の申立書などです。法的トラブルに巻き込まれて自分で裁判等をしようとする依頼者に対し、どんな手続きが良いのか、どんな手続きが必要なのかアドバイスし、納得のいく解決ができるように書面作成を通じてサポートします。

また、法務大臣の認定を受けた司法書士は、簡易裁判所における民事訴訟・和解・調停などの代理業務を行うことができます。訴訟の目的となる物の価額が１４０万円を超えない請求事件であれば、書面作成だけでなく、依頼者の代理人として裁判業務を行うことができます。

③後見業務、財産管理業務

司法書士は成年後見制度の担い手でもあり、高齢者や障がい者などの判断能力が不十分な人々の権利や財産を保護するため、専門職後見人と

して財産管理や法律面での支援を行っています。

また、財産管理業務は、超高齢社会を迎えた我が国にとって、国民のニーズの高い業務であり、登記・訴訟・成年後見業務における専門的知見を活かし、全国各地で司法書士が取り組んでいる業務です。

財産管理業務には、民法などに明文の規定のある相続財産管理人や不在者財産管理人に就任して業務を行うことの他、相続人からの依頼を受け、遺産分割協議の内容に従って被相続人の財産を処分すること（遺産承継業務）などがあります。

④私の日常業務について

①合格後３年間は法人勤務で不動産登記を中心に

合格後は試験合格者を対象とした合同就職説明会に参加し、そこで就職する事務所を決めました。司法書士事務所はどこも人手が不足しているそうで、合格者が売り手市場でした。いくつかの事務所に熱心に誘っていただいたのですが、自宅から一番通いやすい埼玉県内の司法書士法人への入所を決めました。

入所した司法書士法人が、不動産業者から常時依頼をいただく事務所だったので、約３年間、不動産登記の準備と決済（売却代金の残金の決済手続きのため、不動産取引関係者が一堂に会する手続き）に明け暮れました。

実務経験の無い合格者は、合格後に数年間、どこかの事務所に勤務司法書士として在籍してノウハウを学び、それから独立して開業する、というパターンが多いようです。

②現在は個人事務所に勤務し、後見業務が中心に

一つ目の事務所を退職した後に、現在も勤務する東京都内の個人事務所に入所しました。東京に移ってからは後見業務を中心に取り組み、今に至ります。

以下では、私が主に行っている後見業務についてご紹介します。

⑤後見業務と司法書士

①現状

日本における認知症高齢者の人数は、平成24年の調査で462万人と言われており、現時点では600万人を超えているとの推計もあります。

成年後見制度の利用者は平成29年時点で約21万人にとどまり、利用の促進が求められています。これに鑑み、「成年後見制度の利用の促進に関する法律」が平成28年４月15日に公布され、同年5月13日に施行されました。厚生労働省には、成年後見制度利用促進室が設置され、成年後見制度利用促進基本計画に基づき、様々な方策が講じられています。その促進事業の中心にいるのは司法書士であると言っても過言ではありません。

②なぜ司法書士が選ばれるか

後見制度が始まった当初は、親族が後見人の担い手でした。しかし、親族関係が希薄化し、いわゆる「おひとりさま」と呼ばれる身寄りのない高齢者の増加していることや、親族による金銭横領の増加などにより、次第に本人とは血縁関係のない専門職が選任されることが増え、現在では専門職が選任されることの方が多くなっています。

そして、親族以外の専門職後見人の中で、司法書士は一番多く家庭裁判所から選任をされています。また、高齢者福祉に携わる介護関係者には、後見なら「リーガル」に相談するというように認知を得ています。リーガルというのは、「公益社団法人　成年後見センター・リーガルサポート」のことで、後見業務を行う司法書士により組織される団体です。

このように後見の分野で信頼を得たのは、これまでの司法書士業界を支えた諸先輩方が、法律と人々の暮らしの架け橋となって、身近な相談先として信頼されてきた実績があったからだと思います。

また、後見人は、認知症高齢者や障がいにより判断能力の低下したご本人の代弁者である必要があります。ご本人の声なき声を汲み取り代弁者となっていく仕事は、簡単な仕事ではありません。しかし、人に寄り添い、ご本人の目線で法律事務を行うことは、まさにこれまで司法

書士の行ってきた業務の延長線上にあるものであり、司法書士に適性のある業務と言えます。

③具体的な業務の内容

後見業務を説明するとき、分かりづらくなりがちなので、私は説明の最初に「ご自身のお母様が高齢になった後、大腿骨の骨折で入院したところを想像してみてください」と申し上げています。

一般の方に向けて後見制度の解説をする講座の講師を務めています。

もしも、ご自身のお母様が入院したら、息子または娘のあなたは、母親の保険証を持って病院へ駆けつけ、ナースの指示にしたがって入院時に必要な手続書類にサインをします。そして主治医から病状説明を受けます。

リハビリの結果が思わしくなく、車いす生活となり、在宅生活への復帰が難しくなった場合は、病院の相談員に相談しながら、施設入所へ向けて施設の選定をします。母親を連れて、候補施設へ赴き、昼食を試食して、「この施設、気に入った？」と本人の意向を確認し、母親が納得すれば施設へ入所する手続を行うことになります。

ざっくり言うと、今、想像していただいた高齢の母を支えるためにそのご子息である皆さんがしていた作業の全てが、後見人の職務だと言えます。

後見人は、ご本人の意向を尊重しながら、ご本人の生活を支えるための様々な手続を法定代理人として行います。

④苦労すること、喜びを感じること

後見業務は年に1回、家庭裁判所への報告を行う、ということ以外には、これをせねばならないということは明確に決まっていません。しかし、ご本人と付き合っていくと、解決すべき課題が見えてくるので、それを解決していくことが仕事になります。

苦労するのは、関与当初に後見人の存在意義への理解が得られず、ご本人やご親族から泥棒のように思われてしまうことです。

しかし、懸命に関与していると次第に信頼されてくるもので、ご葬儀の場で、「父の後見人があなたでよかったです」と言っていただけるのは、光栄の極みです。

ご本人の抱える課題の解決に向けて、介護関係者やご親族と協力していき、目標を達成していく日々は非常に充実感があります。

⑤後見業務の今後

後見制度の在り方には多くの批判があり、裁判所や厚労省では制度の運営方法について検討が続いています。しかし、親族のサポートが得られない認知症高齢者は増加し続けているため、後見業務に取り組む専門家の必要性自体がなくなることはないでしょう。

また、AIに仕事を奪われてしまうような業務でもないことから、後見業務を担う人材はますます貴重になっていくと思われます。

⑥広がりを見せる司法書士業務

①注目される遺産承継業務

日本司法書士会連合会（日司連）では、現在、遺産承継業務の推進をしています。

遺産承継業務というのは、亡くなった方の遺産の承継手続を、相続人の方々から依頼を受けて代行する業務です。司法書士は、10年程前からこの業務に取り組むようになりました。日司連では、この業務を推進するため、遺産承継業務に関する研修の講師派遣を行っています。

私自身、日司連の財産管理業務推進委員会の委員を務めており、全国各地の司法書士会へ遺

和歌山県司法書士会での研修会場の様子。

宮城県司法書士会では、ZOOMウェビナーを使用して、遺産承継業務に関する研修講師を務めました。

産承継業務についての研修講師として伺っています。遺産承継業務に取り組む会員の割合はまだ半分程度ですが、確実に増加しています。

実際に遺産承継業務を行っていると、「忙しくて平日に金融機関に行けないので、本当に助かりました」という感謝の言葉を、ご遺族から頂戴することがあります。

②使命規定の創設、国民の権利擁護の担い手として

令和元年６月12日、17年ぶりに司法書士法が改正されました。これまであった目的規定が廃止され、使命規定が新設されました。改正された司法書士法の第１条は次のように定めています。

「第１条　司法書士は、この法律の定めるところによりその業務とする登記、供託、訴訟その他の法律事務の専門家として、国民の権利を擁護し、もつて自由かつ公正な社会の形成に寄与することを使命とする。」

これは、司法書士が法律家として果たすべき責任を宣明したものであり、この規定の新設により司法書士が法律事務の専門家であり、国民の権利擁護の担い手であることが明確となりました。

司法書士は、これまでも高齢者・障がい者・子ども・経済的困窮者・セクシャルマイノリティ・自死遺族・犯罪被害者の方々などの権利擁護のための活動を行ってきましたが、今後はより一層、これらの活動の推進が求められています。

③可能性は無限大

司法書士の業務は、先にご紹介したように、不動産および商業登記手続の代理、裁判所提出書類、簡裁訴訟代理等が中心ですが、近年では，成年後見、財産管理人への就任など、その業務の幅は広がっています。また、現在、民事信託を利用した財産管理・資産承継の方法についての研究も盛んです。

今般の改正司法書士法第１条の使命規定は、こうした司法書士の果たすべき役割の拡大を背景に規定されたものです。

司法書士の業務は、発生する社会問題に対応して日々検討・研究されていますので、今後の司法書士のあり方を決めていくのは、私たち現役の司法書士であり、そして、これから試験を受けられる皆さんであると言えます。司法書士の可能性は無限大です。

読者の皆様の奮闘を祈念いたします。

私の在籍する事務所は、司法書士２名の事務所です。

第1章

憲法

憲法は国の基本法であり、すべての法規範は憲法に反することはできません。

従って、憲法を学習することが法規範の枠を学習することになるのです。

この憲法は大きく統治と人権に分かれます。何のために人権があり、何のために統治機構が存在しているかを考えて下さい。

憲法は全部で103条しかありませんから、全部覚えることも可能です。記憶の上に判例などの知識を重ねていって下さい。

憲法とは何か

1 憲法とは何か

(1) 社会のルール

私たちは、様々なルールに囲まれて生きている。

家族のルール、学校のルール、会社のルール、そして社会のルール等そのルールは様々である。この中で、私たちはこれから、「社会のルール」について学習していこうと思う。

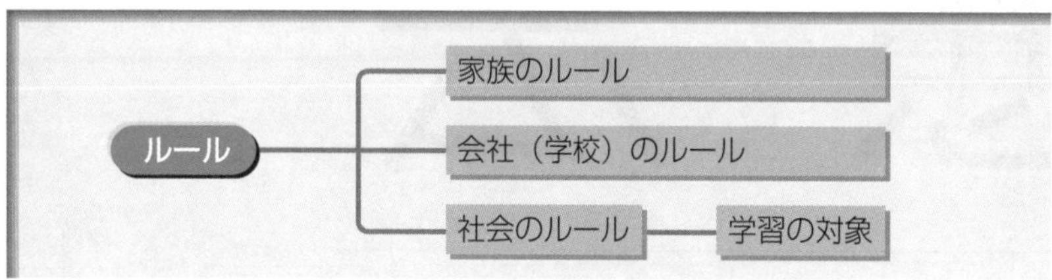

「社会のルール」は、他のルールと異なり、それを破れば、強制的に何かをさせられる。

例えば、「人を殺してはいけません」というルールに違反して人を殺すと、時には死刑にされたり、懲役（ちょうえき）といって刑事施設の中に入れられ強制的に労働させられたりする。

また、物を買ったのに金を払わないと、「損害賠償」といって、強制的に金等を取られるのである。

社会のルールに違反 ⇒ 強制的に何かをさせられる。

しかし、私たちは、この社会のルールなしでは生きていけない情けない存在である。

(2) ルールの中のルール

この社会のルールも秩序なく作られているわけではない。社会のルールを作っているルールがある。

そのルールこそが「憲法」なのである。

社会のルールを法律や規則と置き換えてもいい。この法律や規則は、「憲法」に違反することができないのである。

憲法の中に、「人は平等である」というものがある。従って、男は知事になれるが、女は知事になれない等というルールを作ると、この基本的な「人は平等である」ということに反することになる。これはできない。すべてのルールは、憲法に逆らえない。憲法こそ、最高のルールなのである。

2 憲法の内容

憲法には、大きく分けて、「人権（じんけん）」と呼ばれる部分と「統治（とうち）」と呼ばれる部分がある。

(1) 人権

人権というのは、「人の権利」である。どのような権利があり、どれだけ保護されているかが憲法には書いてある。

この書いてあるものを「条文（じょうぶん）」という。

例えば、「表現の自由」という人権がある。これは「自分の考えを表現することは自由である」という権利（人権）である。

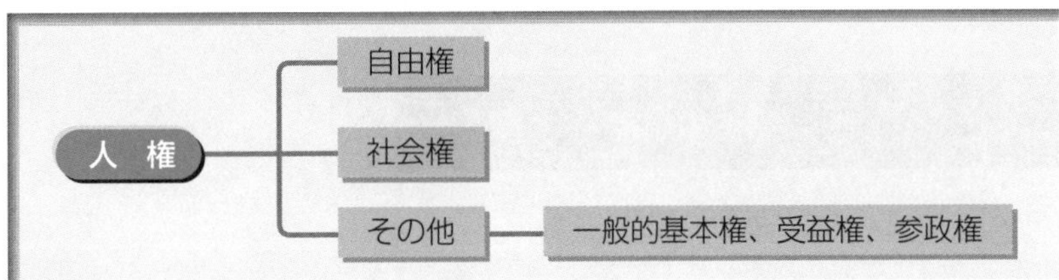

(2) 統治

統治（とうち）というのは、「国を治めるための手段」である。

また、同時に統治は、上記(1)の「人権をどのように保障していくかという手段」である。

統治手段としては、大きく、「国会（こっかい）」「内閣（ないかく）」「裁判所（さいばんしょ）」「その他」に分かれる。皆さんが学校で習った「三権分立（さんけんぶんりゅう）」がここで登場するのだ。

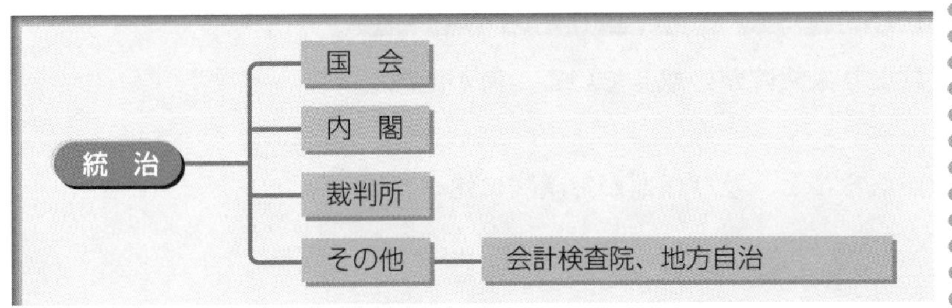

CHECK POINT!

条文は要件・効果の形式である。つまり、ある要件を満たせばある効果が発生するというものである。

CHECK POINT!

「三権分立」は「さんけんぶんりゅう」と読む。

国　会

1 国会とは何か

(1)　**立法機関**

国会とは、「法律」を作るところである。

(2)　**国会の構成**

国会は、「衆議院（しゅうぎいん）」と「参議院（さんぎいん）」から成り立っている。これを「二院制」という。

CHECK POINT！
参議院の存在意義については争いがある。

このように国会を2つの院に分けることは世界でも多く行われている。

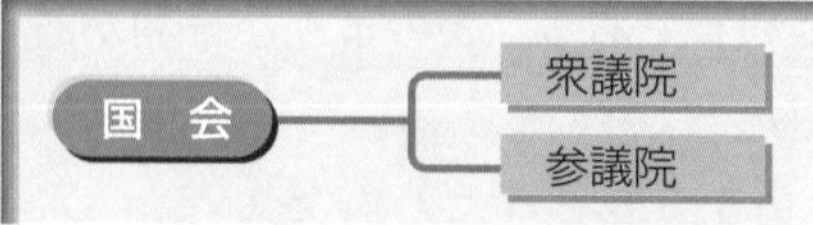

国会は常時活動しているのではない。「会期」といって、会議が開かれている間、活動しているのである。

・会議の種類

	開　催	憲法の規定
常　会	年に1回	憲法に規定あり
臨時会	臨時	〃
特別会	衆議院の解散時	憲法に開催の手続はあるが、特別会という名称はない。

2 衆議院

我が国においては、参議院より衆議院が優越している。何が優越しているかは(3)に後述する。

これは、衆議院には解散があること、及び任期が参議院に比べて短いことが理由である。

(1)　**解散**

衆議院の解散とは、衆議院議員の任期満了前に全員を辞めさせることである。

解散により総選挙が行われる。そこで、今国民は何を考えているのかという「民意を問う」ことができる。

なお、参議院には解散がないので、必ずしも現在の民意を反映しているかどうか疑問である。

(2) 任期（にんき）

4年である。しかし、4年の任期満了をまたず解散されることが多い。

(3) 衆議院の優越（ゆうえつ）

上記(1)(2)の理由により、衆議院には、参議院より優越した地位が認められる。優越した地位が認められるのは、次の4つである。

	衆議院が先に議決	再議決 ※1	参議院が議決しない日数 ※2	両院協議会 ※3
法律案	△	○	60日	△
予算	○	×	30日	○
条約	△	×	30日	○
総理の指名	△	×	10日	○

○＝必要　×＝不要　△＝どちらでもよい

※1　再議決

衆議院と参議院の意見が異なった場合に、衆議院がもう一度議決することである。

※2　参議院が議決しない日数

衆議院が議決したにもかかわらず、参議院が議決しなかった日数のことである。例えば、法律案では、衆議院が議決したにもかかわらず、参議院が60日間議決しなければ、衆議院の再議決が国会の議決となる可能性があるということ。

※3　両院協議会

衆議院と参議院の協議会である。予算案・条約案・総理の指名については、両者の意見が違えば必ず開く必要がある（必要的両院協議会）。それに対し、法律については、開くかどうかはどちらでもよい（任意的両院協議会）。

3 参議院

参議院議員の任期は、6年であり、解散はない。

つまり、参議院議員の民意は最高６年前の民意なのである。

◆緊急集会

参議院で重要なのは、「緊急集会（きんきゅうしゅうかい）」である。

つまり、衆議院が解散されているときは、国会は「参議院」だけである。国の重要なことの決定は解散中でも待ってはくれない。前述のように衆議院議員は全員リストラされているのだから、衆議院に頼ることはできない。参議院だけで決しなければならないのである。

国に緊急の必要がある場合に、内閣が緊急集会を求める。そこで出た結論は、選挙によって選ばれた衆議院でもう一度話し合われ、「ＯＫ」となればいいが、「ＯＫ」を得られなかった場合（ＮＯとなった場合を含む）でも将来に向かって効力が消滅するだけである。

CHECK POINT！

衆議院の任期満了の選挙時には、緊急集会はない。

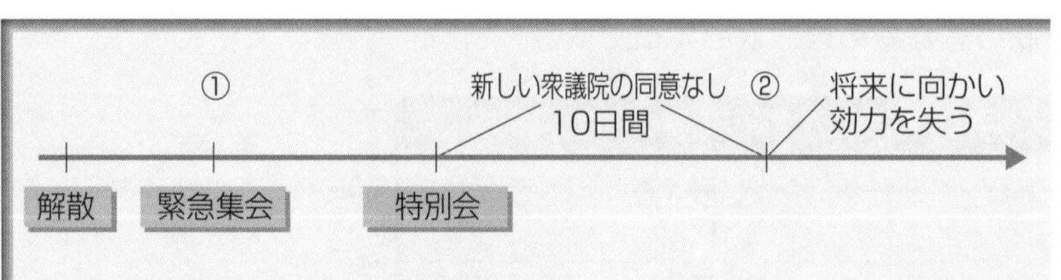

新しい衆議院の同意を得られなくても、①〜②の間になされたことは有効となる。

例えば、衆議院の解散後大災害があり、緊急集会が開かれ10億円の予算が組まれた。６億円は支出したが、その後に特別会で緊急集会の措置に同意が得られなかった。すでに支出した６億円（①〜②の間になされた）に影響はないが、後の４億円は支出できない、ということだ。

3 内　閣

1 内閣とは何か

憲法は、「行政権は『内閣』に属する」と規定しているから、行政権の多くは内閣に属することになる。

では「行政権」とは何かについては、争いがあるが、「国家権力の中から『立法権』と『司法権』を除いたものが『行政権』である」とする「控除説」が世界的な通説(※)である。

具体的に何かということになると、国と国の外交問題から町内のゴミ収集日の決定も「行政」であることになる。このことから、「内閣」だけが行政を行うのでないことがお分かり頂けると思う。

まぁ、行政権の重要な一部を行うのが「内閣」だと思っておいて頂きたい。

内閣は、内閣総理大臣とその他の国務大臣とで構成されている。

※通説－学者の考え方（説）を「学説」といい、「通説」とは、学者の多くが共通の説を採用していることをいう。

◆内閣は、国会で作った法律を「積極的」に適用するところである。

CHECK POINT!
行政の範囲は非常に広い。

2 内閣と内閣総理大臣

内閣のトップは「内閣総理大臣」である。

内閣総理大臣には、トップにふさわしい権能が与えられている。

憲法は、「内閣総理大臣」が行えること（権能）と「内閣」の権能を分けている。

(1) 内閣総理大臣の権能

①	内閣を代表して議案を国会に提出、一般国務及び外交関係について国会に報告、並びに行政各部を指揮監督(※1)
②	国務大臣の任命かつ任意の罷免(※2)

③	在任中の国務大臣に対する訴追(そつい)の同意(※3)
④	法律及び政令への連署(れんしょ)(※4)
⑤	両議院に出席・発言

※１－①を絶対覚えよう

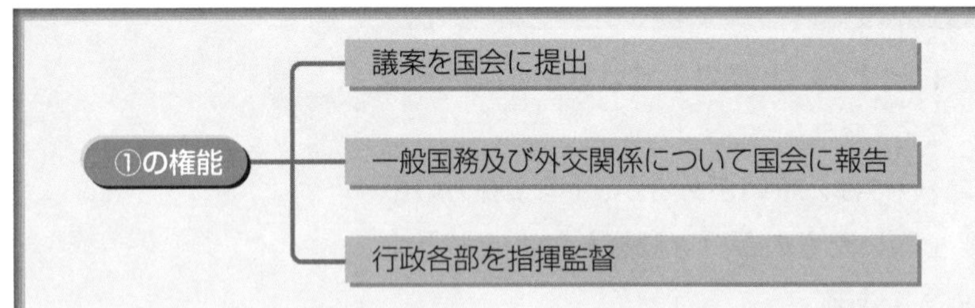

※２－「任命」とは職を命じることで、「罷免(ひめん)」とはクビにすることである。つまり、内閣総理大臣は、国務大臣を思い通りに採用したりクビにすることができる。

※３－「訴追」とは、国務大臣が刑事事件を起こした場合に、検察官が裁判所に訴えを提起することである。その提起をするためには、「内閣総理大臣」の同意が必要だということである。

※４－「政令」とは、内閣が制定する命令である。また、「連署」とは、横に署名することと思って頂きたい。

CHECK POINT!
法令には主任の国務大臣の署名が必要であり、内閣総理大臣が連署しなければならない。

(2) **内閣の権能**

内閣の権能と内閣総理大臣の権能との違いが出題される。覚え方として、上記(1)に内閣総理大臣の権能はすべて書いておいた。まず、これを覚えることである。それ以外の権能は内閣の権能である。

ここでは、内閣総理大臣の権能とまぎらわしいものと内閣の主要な権能を挙げる。

①内閣総理大臣の権能とまぎらわしいもの

国務を総理(※)
予算を作成して国会に提出
決算を国会に提出
国会及び国民に対して国の財政状況を報告

※「国務を『総理』する」は、「総理大臣」の権能と紛らわしい。なお、「国務を総理」するとは、国政一般についてあるべき姿をとるよう配慮するというような意味である。

②主要な権能

外交関係の処理
条約の締結（※1）
政令の制定（※2）
天皇の国事行為についての助言と承認
最高裁判所長官の「指名」とその他の裁判官の「任命」（※3）
国会の召集の決定（※4）
参議院の緊急集会を求める

※1－条約とは、国と国の約束をいう。条約を締結するには、事前か事後に国会の承認が必要である。

※2－「政令」は「命令」の一種である。政令には、特に法律の委任がある場合を除いては、罰則を設けることができない。

※3－最高裁判所の長官については「指名」である。その他の裁判官は「任命」であることに注意。

※4－決定は「内閣」の権能であるが、実際に「召集」するのは「天皇」である。

4 裁判所

1 裁判所とは何か

裁判所とは三権の１つである「司法権」を行使する所である。なお、司法とは「具体的事件について法律を使って紛争を解決する」ことである。

憲法は、「すべて司法権は、最高裁判所及び法律の定めるところにより設置する下級裁判所に属する」と規定している。

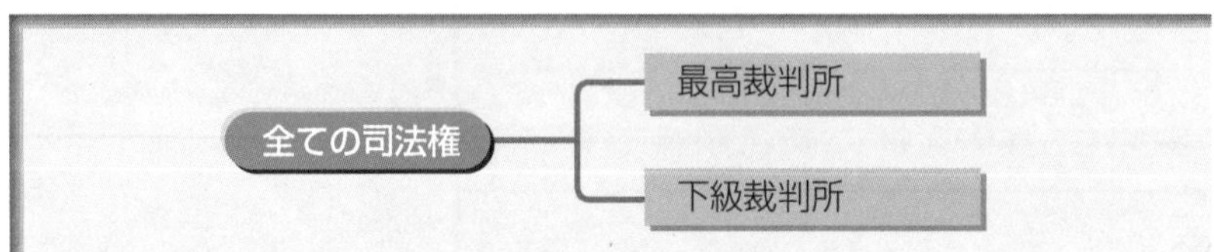

※違憲立法審査権（いけんりっぽうしんさけん）

裁判所は、国会が憲法に違反した法律を作ったり、行政が憲法に違反する行為をした場合には、「違憲立法審査権」を行使し、「それは憲法に違反している」ということができる。

なお、違憲立法審査権は最高裁判所のみならず下級裁判所にもある。

2 裁判所の種類

(1) 憲法と法律で定めた裁判所

憲法で定められた「最高裁判所」を頂点としてその他の下級裁判所は法律で定めている。

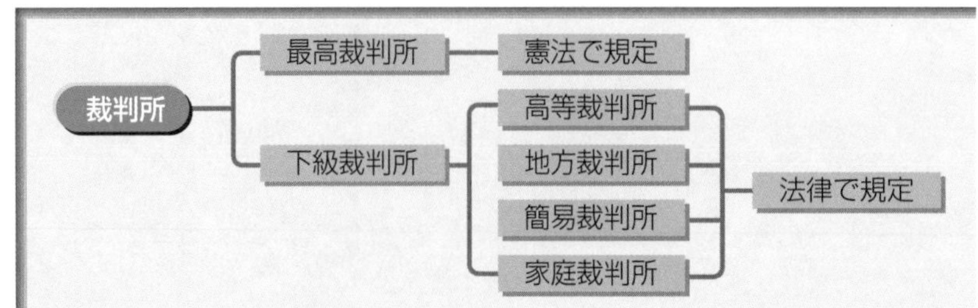

(2) 特別裁判所

憲法では「特別裁判所」を禁止している。特別裁判所とは、「最高裁判所」の傘の中に入っていない裁判所である。つまり、最後に最高裁判所の判断を仰ぐことができない裁判所のことである。

ただし、特別裁判所の禁止の例外として、憲法が定める弾劾裁判所が認められている。弾劾裁判所とは、罷免の訴追を受けた裁判官を裁判するために国会において、設けられるものである。

3 最高裁判所

(1) 最高裁判所とは何か

すべての裁判は、最高裁判所の判断を仰ぐことができる。つまり、最高裁判所は、裁判所の最高峰である。

なお、最高裁判所は憲法上の組織であるから、これを廃止や改正するためには、「憲法改正」の手続が必要である。

(2) 最高裁判所の裁判官

最高裁判所の長官が1人と、その他の裁判官14人で構成される。全部で15人である。

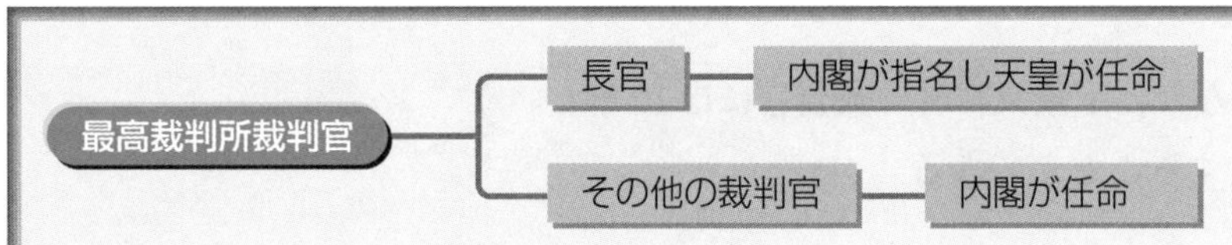

(3) 罷免（ひめん）

罷免とは、辞めさせることである。この罷免事由（理由）は3つである。

①心身の故障－心身の故障のために裁判ができないとする「裁判」で罷免される。

②公の弾劾－例えば、非行があったとして前述の弾劾裁判所で罷免する。

③国民審査－裁判官は国民が選ぶわけではない。そこで、裁判所の最高峰である「最高裁判所の裁判官」だけは、国民審査をしようというものである。国民審査で、投票者の多数が罷免を可とするときは、罷免される（今までこれで罷免された者はいない）。

CHECK POINT!
国民審査は、「衆議院議員総選挙」の際に行われる。

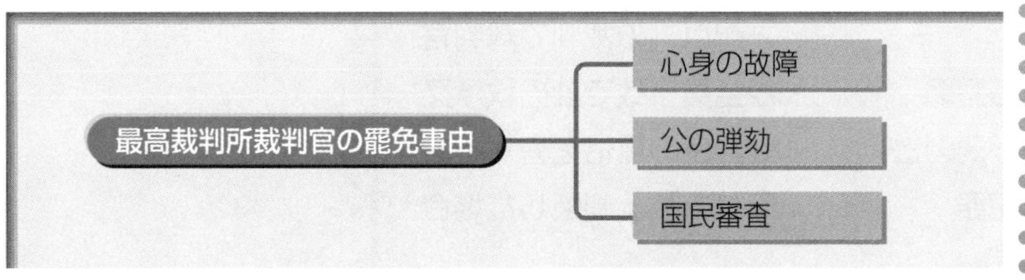

4 下級裁判所

(1) 下級裁判所とは何か

憲法には「最高裁判所」と「法律の定める下級裁判所」の規定がある。これに従って、「下級裁判所」が法律で規定されている。

※上記**2**(1)裁判所の種類参照。

(2) 任命

下級裁判所の裁判官は、内閣が任命する。

(3) 罷免

罷免事由には、最高裁判所の裁判官と異なり、国民審査はない。

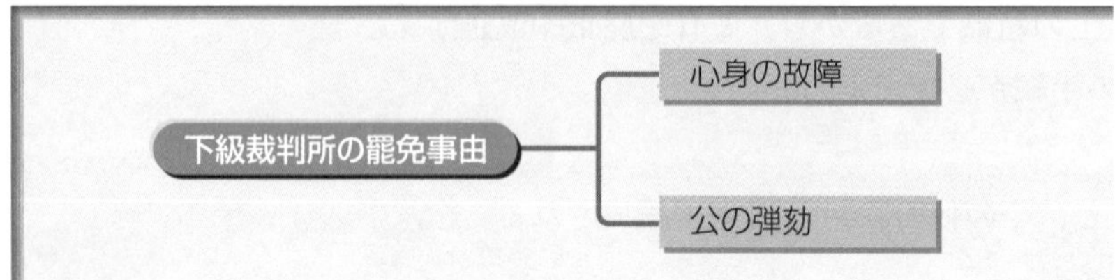

(4) 任期

最高裁判所の裁判官と異なり、下級裁判所の裁判官には10年という任期がある。ただし、再任することができる。

5 裁判の公開

判決(はんけつ)と対審(たいしん)に分けて憲法には規定している。

「判決」とは、裁判所の「判断」である。

「対審」とは、裁判所で当事者が主張しあう場である。

	常に公開	非公開
判決	全て	なし
対審	・政治犯罪 ・出版に関する犯罪 ・国民の権利が問題となっている犯罪	左記以外の裁判で裁判官が全員一致で公の秩序又は善良の風俗を害するおそれありと判断した場合

自由権

1 自由権とは何か

「国に対する自由」を主張する権利である。我々は自由なのだから「国はほっておいてくれ！」という権利である。

2 自由権の主なリスト

自由権には様々なものがある。その中で重要なものを述べる。

(1) 思想良心の自由

心の中で思いを巡らすことは誰の干渉も受けない、つまり完全に自由だということである。

思想良心の自由は絶対的であるが、これを外部に表現するときは一定の制約を受けることがある。

思想良心の自由 ― 絶対的自由 ― 表現すると制約あり

(2) 信教の自由

信教(しんきょう)の自由とは、「どんな宗教を信じることも信じないことも自由」だということである。

※政教分離について

政教分離(せいきょうぶんり)とは、「政治と宗教とは分離すべきだ」という考え方である。政治が宗教と結び付いて様々なことが起こったことは歴史が物語るところである。日本でも神道(しんとう)と政治が結び付いていた時期があった。日本国憲法は、この政教分離をも規定している。

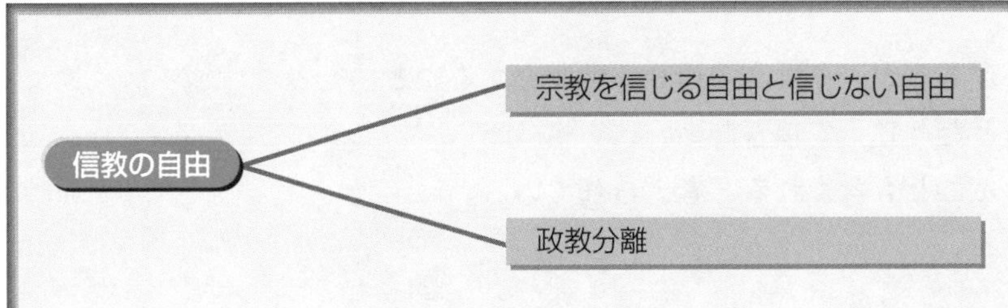

(3) 表現の自由

この自由が憲法の中で最も大事な人権の１つである。

憲法は、「集会、結社及び言論、出版その他一切の表現の自由はこれを保障する」と規定している。つまり、言論だけでなく、ある人は絵画でまたある人は音楽で表現するだろう。一切の表現の自由が保障されているのである。

※知る権利について

いくら表現の自由が認められていても、町角でスピーカーにより自分の意見を述べると迷惑がられるだけである。誰も聞いてくれない。表現の自由は、一部のマスコミや評論家に握られてきた。そこで、「一般人にとっての表現の自由」は「表現する自由」から「表現を受ける自由」に変わってきた。つまり、「表現を受けること（知ること）」は自由であり、それに対して国は邪魔をするなという自由である。

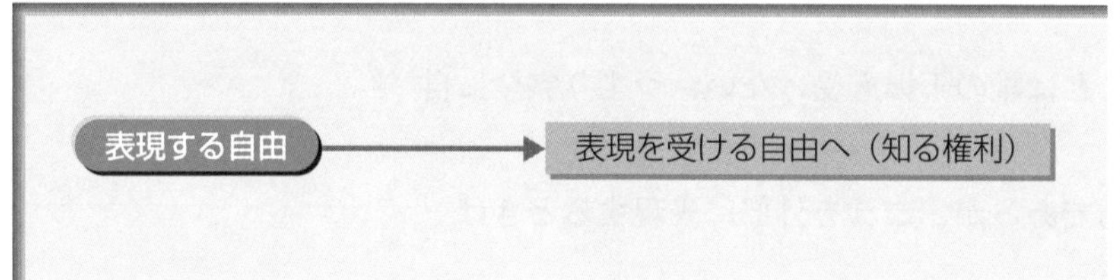

CHECK POINT!
より積極的に情報にアクセスする「情報公開請求権」の問題もある。

(4) 職業選択の自由

人はそれぞれ職業を選択し、それを遂行する自由を有している。前者を職業選択の自由というが、これは、当然後者の「営業の自由」を含んでいる。

つまり、ある職業を選択し遂行していくことを国から邪魔されないという自由である。

ただ、皆さんが目指している司法書士を職業として選択するには、司法書士試験に合格しなければならない。こういう制約は自動車の免許等沢山ある。

(5) 学問の自由

この内容については争いがあるが、今は文字通り「学問をすることを国から邪魔されない」ことだと覚えて頂きたい。

また、大学の自治を認めることも含まれると考えられている。

社会権

1 社会権とは何か

社会権とは、国民が国家に対して「何とかしてくれ！」という権利である。

例えば、経済的に困窮しその日の生活にも困っている場合に、国に対し「生活保護」を求める権利等が社会権である。

社会権は、憲法上４つ認められている。

- 生存権
- 教育を受ける権利
- 勤労の権利
- 勤労者の団結権等

※社会権は「国民」の権利であるから、「外国人」には認められない。

CHECK POINT!

社会権が認められるようになったのは20世紀に入ってからである。

2 生存権

(1) 生存権とは何か

憲法は「すべて国民は健康で文化的な最低限度の生活を営む権利を有する」と規定する。

この「健康で文化的な最低限度の生活を営む権利」をさせてくれと国に請求する権利が「生存権（せいぞんけん）」である。

(2) プログラム規定

判例は、生存権を「プログラム規定」だといっている。運動会のプログラムを考えて頂きたい。雨が降れば運動会は中止になるかも知れない。つまり、プログラムはあくまで進行の「予定表」である。

プログラム ―― あくまで予定である

このように生存権の規定もあくまで「予定表」であり、「我々の国では、国民が『健康で文化的な最低限度の生活を営む権利』を有するようになる予定である」ということだ。

3 教育を受ける権利

(1) 教育を受ける権利とは何か

憲法は「すべて国民は、法律の定めるところにより、その能力に応じて、ひとしく教育を受ける権利を有する」と規定している。

この「教育」は学校教育に限らず、あらゆる教育である。この教育を受ける権利を国に主張できるということである。

(2) 教育を受けさせる義務

憲法はまた、「すべて国民は、法律の定めるところにより、その保護する子女に普通教育を受けさせる義務を負う。義務教育は無償とする」と規定している。

教育を受けさせる義務 ― 保護者にある

なお、どのような教育を受けさせるかの内容は「国、教師、保護者」が決定するとされている。

※普通教育とは、義務教育のことである。無償（むしょう）なのは、「授業料」である。

4 勤労の権利と勤労者の権利

(1) 勤労の権利とは何か

憲法は、「すべて国民は、勤労の権利を有し、義務を負う」と規定している。

国に対し「仕事を世話してくれ」という具体的権利はないとされている。しかし、現在働いている所をむやみに辞めさせられない権利はここから発しているという考え方もある。

(2) 勤労者の権利

憲法は、「勤労者の団結する権利及び団体交渉その他団体行動をする権利は、これを保障する」と規定している。

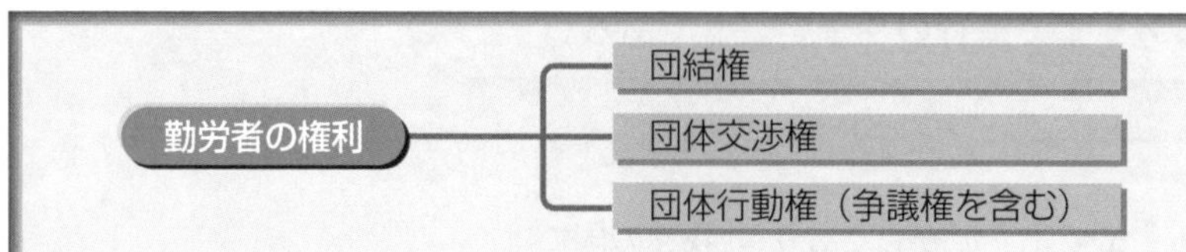

その他の人権

1 その他の人権のリスト

(1) 受益権

受益権とは、国に対して請求する権利である。国家に請求する権利という点では社会権と同じであるが、受益権は社会権以前にもともと存在した権利を指す。社会権は20世紀になってから生まれた権利である。

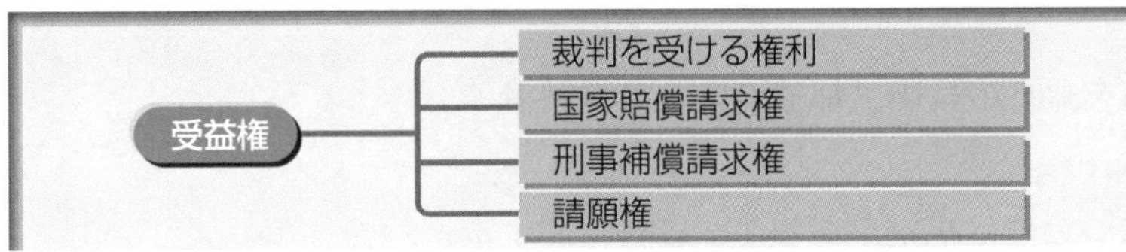

①裁判を受ける権利

特に刑事事件で、裁判を受けなければ刑に科せられないことは重要である。勝手に王様（権力者）が処刑するわけではない。

②国家賠償請求権

国家等が不法な行為を行ったときは国家等に損害賠償を請求できる権利である。

③刑事補償請求権

無実の罪で抑留された場合に、国に対して補償を請求できる権利である。

④請願権

国等に対して、物事を頼む（請願する）権利である。

(2) 人身の自由

国等によって正当な理由がなく、人身を拘束されない自由である。

2 国民の義務

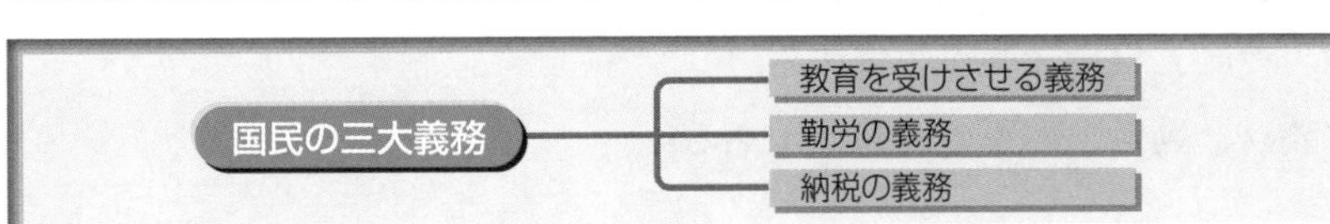

例題でチェックしよう

《問題》○か×か

□□1　国会には常会、臨時会及び特別会がある。

□□2　衆議院議員の任期は4年であり、参議院議員の任期は6年である。

□□3　行政権はすべて内閣に属している。

□□4　国務を総理することは内閣総理大臣の権能である。

□□5　違憲立法審査権は最高裁判所だけにあり、下級裁判所にはその権限はない。

□□6　判決はすべて公開されるのが原則であるが、政治犯罪等一定の場合は非公開となる。

□□7　憲法に規定する人権は、外国人にもすべて認められる。

□□8　職業選択の自由は、選択した職業を遂行する自由（営業の自由）を含まない。

□□9　教育を受けさせる義務を負うのは国、都道府県及び保護者である。

□□10　憲法には国民の権利については規定があるが、義務に関する規定はない。

《解答・解説》

1　○　常会及び臨時会については憲法に規定があり、特別会については憲法に開催手続の規定が、名称は国会法に規定がある。

2　○　なお、参議院議員については3年ごとに半数改選される。

3　×　行政権は内閣に属しているが、「すべて」ではない。

4　×　国務を総理することは「内閣」の権能である。

5　×　違憲立法審査権は最高裁判所だけではなく、下級裁判所にもある。

6　×　判決はすべて公開される。一定の場合に非公開となるのは、対審である。

7　×　判例は「権利の性質上日本国民のみを対象としている場合は外国人には適用されない」としている。

8　×　選択した職業を遂行する自由（営業の自由）を含む。

9　×　教育を受けさせる義務を負うのは保護者である。なお、教育の内容の決定は「国、教師、保護者」が決定する。

10　×　教育を受けさせる義務、勤労・納税の義務等がある。

第2章

民法

民法を制する者は試験を制するとよくいわれます。このことは当然、司法書士試験にも当てはまります。

民法は確かに大きな体系ですが、それだけに初めは細かい箇所の理解よりまず大雑把に何が本質なのかを掴むことが必要です。基本として理解しておくことは案外少ないものかも知れません。

また、民法は比較の学問でもあります。誰が責任を取るのかという観点から比較検討することが大切です。

恐れず、民法を得意科目にする意気込みで学習に臨んで下さい。

民法とは何か

1 民法とは何か

民法の大きな柱は３つ（契約・所有権・家族）

⑴契約

１つは、「契約（けいやく）」である。

ＡとＢが、Ａの土地を売却する契約（売買契約（ばいばいけいやく））を結んだ。「契約」とは、約束である。この場合、売主であるＡにはどのような権利と義務が生じ、買主であるＢにはどのような権利と義務が生じるかが、ここでの大きな問題である。

また、ＡＢを「当事者」というが、この当事者以外の人にこの契約がどのような影響を与えるだろうかというのも、契約の問題である。

なお、契約の種類は「売買契約」だけではない。どのような種類があるか、そこにどのような権利や義務があるかを探っていく。

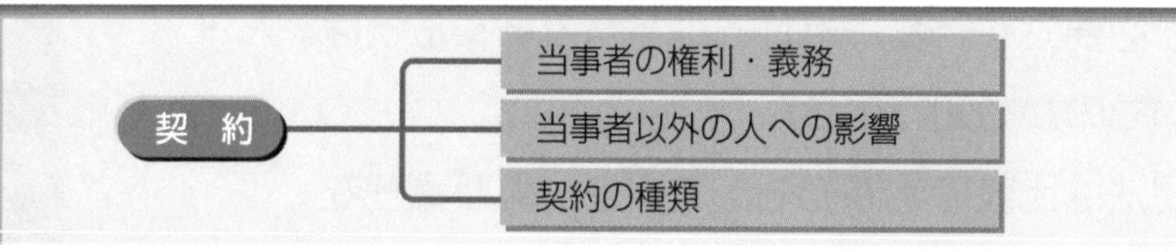

⑵所有権

あなたは、この「今年こそ司法書士！入門の入門」を持っている。買った人であれば、この本を「所有」している。言い方を変えれば、この本に対して「所有権」を持っているのである。

所有権を持っているということは、その所有物に対して、これを捨てようが、人に譲ろうが自由である。あるいは貸すこともできる。

この所有権を巡って様々な問題が生じる。

これが民法での２つ目のテーマである。

⑶家族

Xは Yと「婚姻（法律的結婚のこと）」をして、子Aがいる。これだけでも、XYの夫婦間の関係、XYとA間の親子の関係、Xが死亡した場合の相続はどのようになるのか等様々な問題が生じる。これらの家族の分野も民法の1つのテーマである。

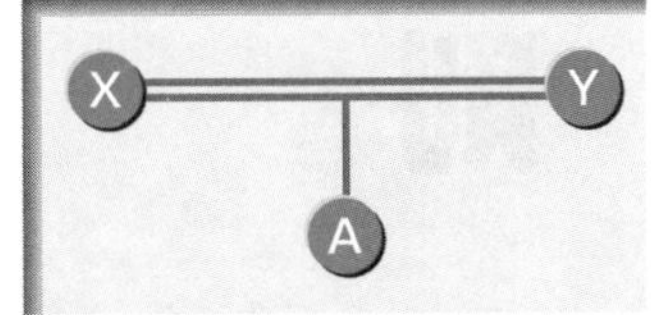

CHECK POINT!
家族の問題には「親族」と「相続」がある。

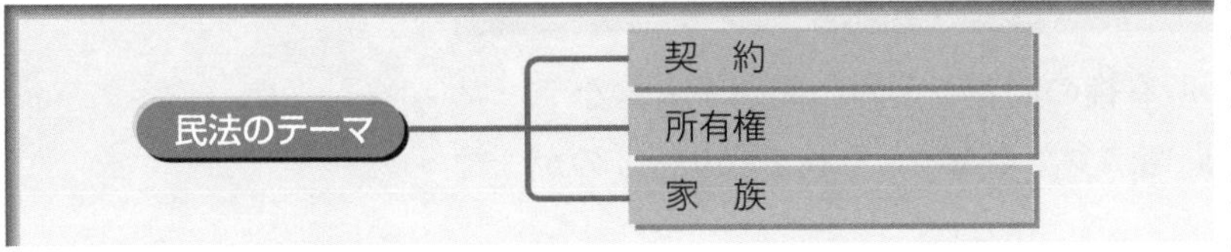

これから、上記3つのテーマを見ていくことにしよう。

2 民法の学習方法

様々な学習方法が提案されているが、この本においては、オーソドックスな方法で学習していく。

オーソドックスとは、民法を「総則」「物権」「債権」「家族法」に分けて学習する方法である。

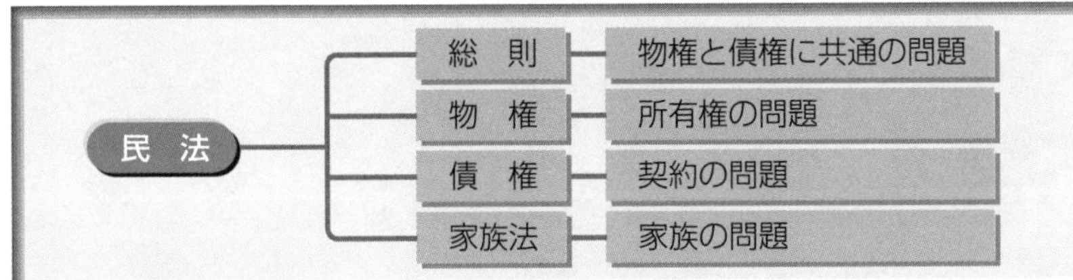

例えば、AとBが、Aの土地を売却する契約（売買契約）を結んだ、という最初の例で考えよう。この場合、見方を変えれば、Aの所有権をBに移転するという「所有権」の移転の問題でもある。その意味で、「物権」と「債権」はリンクしている。

また、Aが未成年者だった場合この契約の効力はどうなるのか、Aが代理人を使用した場合はどうか、BがAを詐欺していた場合の措置はどうなるのか等、「物権」と「債権」に共通した問題も多い。これらを取り扱うのが「総則」の問題である。

民法は我々の生活を規律する一番身近な法律である。また、司法書士となった後に一番世話になる法律である。

それでは、この方法でこの膨大なフィールドの概要を学習しよう。

2 総則

1 総則とは何か

前述のように、民法は、所有権の問題と契約の問題が大きなテーマである。そこには、共通の問題が少なくない。それを取り扱うのが「総則」である。

2 総則で問題となること

総則で問題となることは多いが、ここでは、次の4点に絞って考えてみよう。

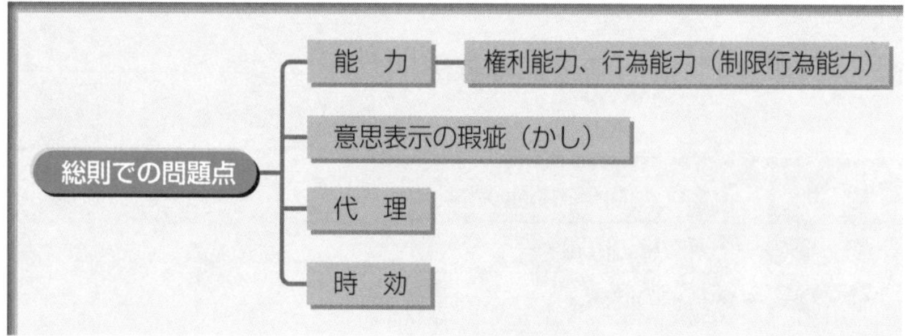

3 能力

(1) 権利能力（けんりのうりょく）

人は、土地を所有したり、契約をしたりすることができるが、人以外のもの、例えば犬にはそんなことはできない。あまりこのことを深く考えたことはないだろう。犬に100万円貸していて、犬が金を返す義務を負っているなどとは誰も考えていない。

このように、権利や義務の主体となる能力があることを「権利能力」がある、という言い方をする。

「権利能力」は生まれてから死ぬまでである。

したがって、胎児は原則として権利能力を有しないが、一定の事項については「既に生まれたものとみなす。」とされている。

⑵　行為能力（制限行為能力）

我々が契約をする場合、慎重に事を運んでも間違うことがある。それほど、法律は難しい。

ましてや、精神的に障害がある者とか、年少者にとっては、法律行為は難物である。

そこで民法は、能力が十分でない下記①から④までの者を制限行為能力者とし、これらの者を保護する旨の規定を設けている。

すなわち、ある法律行為を行うには、保護者の同意が必要であったり、保護者が代わって代理することとなる。

この保護者が代理人となる場合は、法が定めた代理人となるので、これを「法定代理人」という。

CHECK POINT!
行為能力とは単独で完全に有効な法律行為をすることができる能力である。

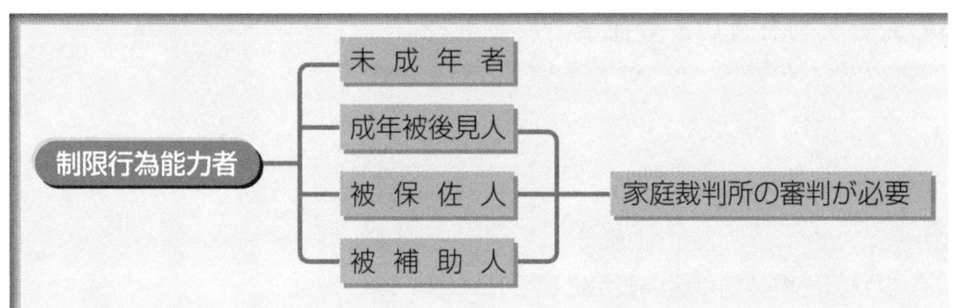

①未成年者

20歳未満の者である。ただし、婚姻すれば成年者とみなされる。法定代理人は、親権者（親）である。

CHECK POINT!
民法改正により、2022年4月1日からは成人年齢は18歳に引き上げられる予定である。

②成年被後見人

精神上の障害によって事理を弁識する能力を欠く常況にある者。つまり、物事が全く分からないことが常である者である。

成年被後見人には、「成年後見人」という法定代理人がつく。

③被保佐人

精神上の障害によって、事理を弁識する能力が著しく不十分な者。

被保佐人には、「保佐人」という保護者がつく。

CHECK POINT!
保佐人、補助人も法定代理人となる場合がある。

④被補助人

精神上の障害によって、事理を弁識する能力が不十分な者。

被補助人には、「補助人」という保護者がつく。

※上記の制限行為能力者が勝手にした法律行為は原則として「取り消す」ことができる。取り消すと、何もなかったことになる。

4 意思表示の瑕疵（かし）

⑴ 意思表示の瑕疵とは何か

瑕疵とは、キズとか欠陥ということである。

我々が意思を表示しそこに何らかの欠陥がある場合、その効果はどうなるのかというのがここでの問題である。

CHECK POINT!
錯誤は取り消し得る行為である。

⑵ 無効の場合

無効というのは、何もないということである。

例えば、Aは、税金の滞納（たいのう）により国から土地の差押えが予想される。そこで、友人のBに相談したところ、Aは、Bに売ったことにしておけばいいではないかとBから虚偽（きょぎ）の意思表示をすることを持ちかけられ、そして、AB間で虚偽の売買契約を行い、登記まで移転した。

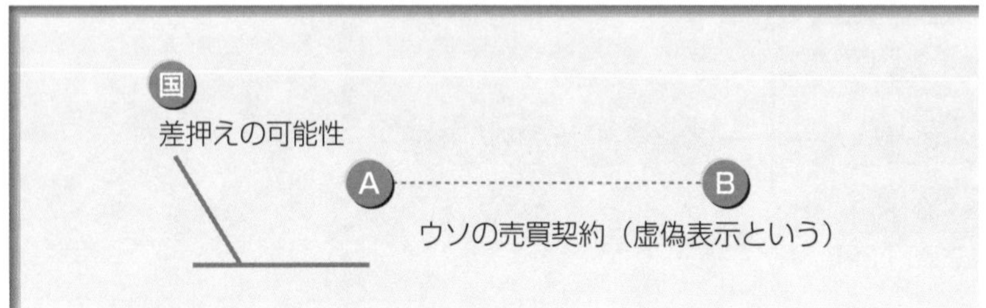

この売買契約は、虚偽表示により「無効」である。

⑶ 取消しできる場合

取消しできる場合に、「取消し」をすると、最初に遡ってやはり何もなかったことになる。

例えば、Aは土地を所有していたが、Bはこの土地を詐取しようと思い、「この土地の近くに廃棄物処理場ができるから、売るなら今だ」等とウソのことをいい、AB間で売買契約が行われた。

Aが、Bの詐欺に気づき、意思表示を「取り消せば」、AB間の売買契約は最初に遡って何もないことになる。

CHECK POINT!
無効は最初から何もないが、取消しは取り消せば無効となり、最初から何もないことになる。

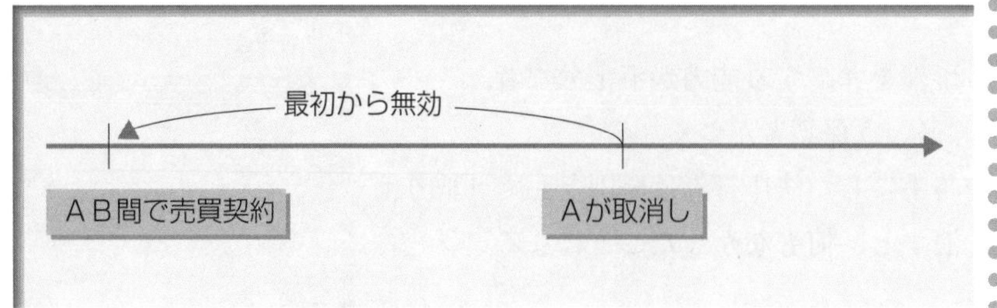

5 代理

(1) 代理とは何か

例えば、Aが土地を売りたいが、Aは多忙で相手を探す時間も手段もないとする。

Aは、Bに頼んで、「自分の土地を売りたいが、買主を探して交渉してくれないか。売却代金は1000万円をめどに君にまかす」などといって、Bは買主Cを見つけ、売買契約を締結したとする。

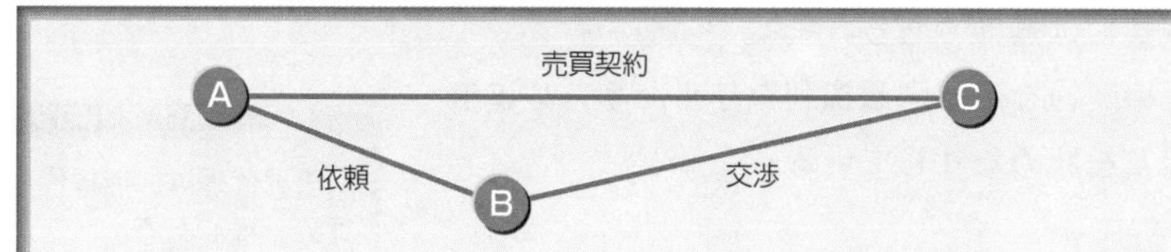

この場合Bは、Aの代理人としてCと交渉し、その結果、AC間に契約が成立したことになる。

つまり、代理の役目は、本人（A）に代わって代理人（B）が本人の名で相手方（C）と交渉をし、本人と相手方間に契約を成立させることである。

※この場合、Aを本人、Bを代理人、Cを相手方という。

(2) 代理の種類

上記(1)の例では、AがBを代理人とする契約を結んだのである。これを「任意代理（にんいだいり）」という。

それに対して、代理人を法が定めている場合がある。例えば、上記❸(2)①で述べたように、親権者は未成年者の代理人であるが、これは本人である未成年者が親権者を代理人として選んだわけではなく、法が定めたのである。これを法が定めた代理人という意味で「法定代理人」という。

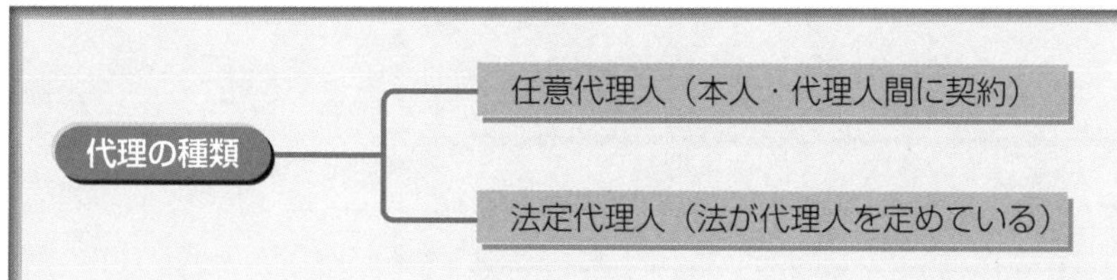

(3) 代理を巡る主な問題

①無権代理

無権代理とは、代理人と称して行為をした者が、実際には代理権を有していなかった場合をいう。

例えば、Xの土地をYが代理人でもないのに、Xの代理人としてZに売却した場合である。

※無権限の代理という意味である。

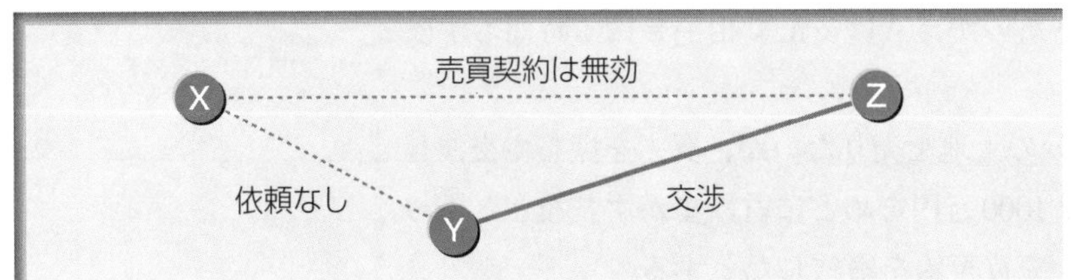

この場合は、XZの売買契約は無効である。

ただ、例えば、XにZとの契約を追認する権利を与えたり、Zに無権代理人（Y）への責任追及を認めたりしている。

②表見代理

上記①の無権代理の中で、Xに責任があってZにとって、Yに代理権ありと思う正当な理由があるときに、相手方Zが有効な代理行為の効果を本人に主張することができることがある。これを表見代理という。

※表面から見ると、代理人のように見えたという意味である。

CHECK POINT!
表見代理は、無権代理の一種である。

6 時効

(1) 時効とは何か

例えば、AがBに100万円貸している。AはBに請求もせず、Bも承認をしないで10年経過した。

CHECK POINT!
債権者が権利を行使することができることを知った時から5年間行使しないときも債権は時効により消滅する。

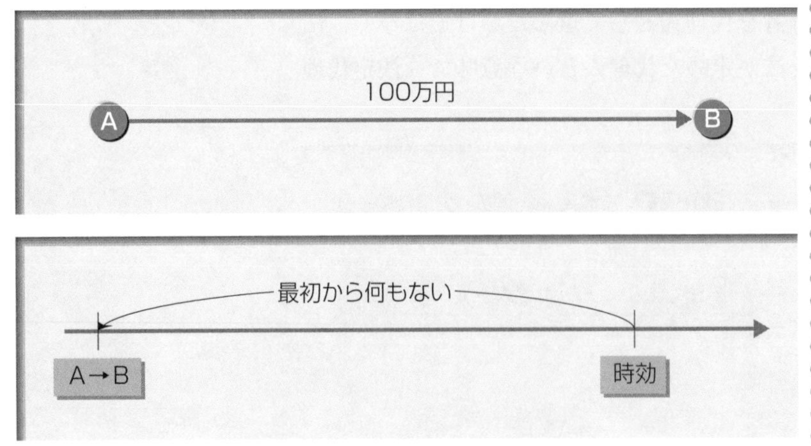

この場合、AのBに対する、権利（これを債権という）は時効によ

り消滅する。時効による消滅は、最初に遡って消滅するのであり、将来に向かって消滅するのではない。

※時効を主張するためには、「時効を援用します」というBの行為が必要である。

⑵ 時効の種類

上記⑴には、「消滅時効」を述べた。その他「取得時効」がある。

例えば、X所有の土地をYが占有（たとえば、その土地に建物を建てて住んでいる）している場合に、一定の期間が経過すれば、Yの所有となってしまうという制度がある。これを「取得時効」という。

⑶ 時効の中断

時効は何故生じるのか。３つの理由があるとされている。

①権利を持っているのに行使しない者を法は保護しないとされている。これを「権利の上に眠る者は保護しない」という。

②長い時間の経過によって、証拠がなくなるからだとされている。

③長い時間の経過によって、上記⑵の取得時効でいえば、周りの者がYを所有者だと思ってしまうことがある。そのことを尊重しようというわけである。

時効の中断というのは、時効が進行を止めて、その中断事由が終われば、また、時効が最初から進行することである。

上記①では権利者の「請求」があれば、権利の上に眠っていないので、時効は中断する。上記②では、義務者が「承認」すれば証拠が出てくるので、時効は中断する。上記③では、Yが占有を放棄すれば、時効は中断する。

物　権

1 物権を考える

CHECK POINT！
物権－物に対する権利
債権－人に対する権利

(1) 物権とは何か

物権（ぶっけん）とは物を支配する権利である。

物権の代表は所有権である。例えば、Ａがある土地に対して所有権を有する場合、Ａはその土地を自由に使用したり、処分することができるのである。

一方債権（さいけん）とは、人に対する権利（特定の人に対して特定の行為を求めることができる権利）である。例えばＡがＢにお金を貸した場合、ＡはＢに対して貸金債権を有することになり、ＡはＢという人に対してお金を返すという行為を求めることができるのである。

(2) 所有権（しょゆうけん）

所有権は、物権の中心である。

そこで、所有権を考えてみよう。所有権には、所有物を使用する側面と所有物を処分する側面がある。

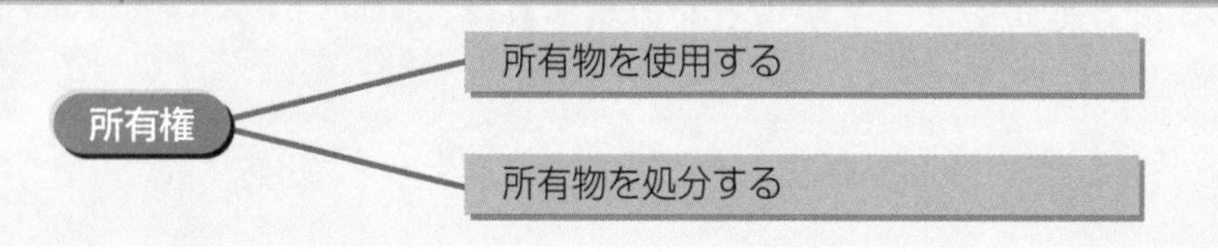

①所有物を使用する側面

ある物に対して所有権を有する者は、自らその物を使用することができる。

これには地上権等があり、これについては後述する。

②所有物を処分する側面

あなたが、土地を持っていて、これを金に換えたいとする。どうするか。

金の調達には、大きく分けて２つの方法がある。

１つは、土地を売ることである。その売却代金が入ってくる。

もう１つは、土地を担保に金を借りることである。

この後者について、最も利用されているのは「抵当権」である。この試験においても、抵当権はよく出題されている。その他にもあるが(例えば、お馴染み(?)の質権)、抵当権のカラクリをまずは学習して頂きたい。

⑶ **占有権(せんゆうけん)**

所有権とは別に、「占有権」が問題となる。「占有」とは、持っているぐらいの意味である。

例えば、A所有のカメラをBが借りたとする。

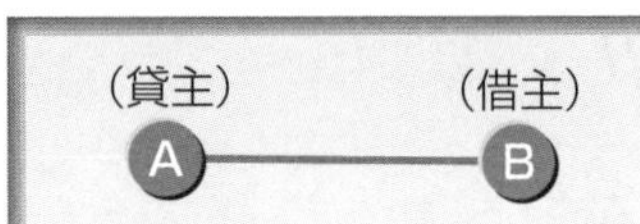

この場合、Aに所有権と、Bを通じてカメラを占有しているので「占有権」がある。

またBには、勿論所有権はないが、カメラを持っているのであるから、「占有権」はある。

占有権とは以上のようなものだと思って頂きたい。

⑷ **物権全体**

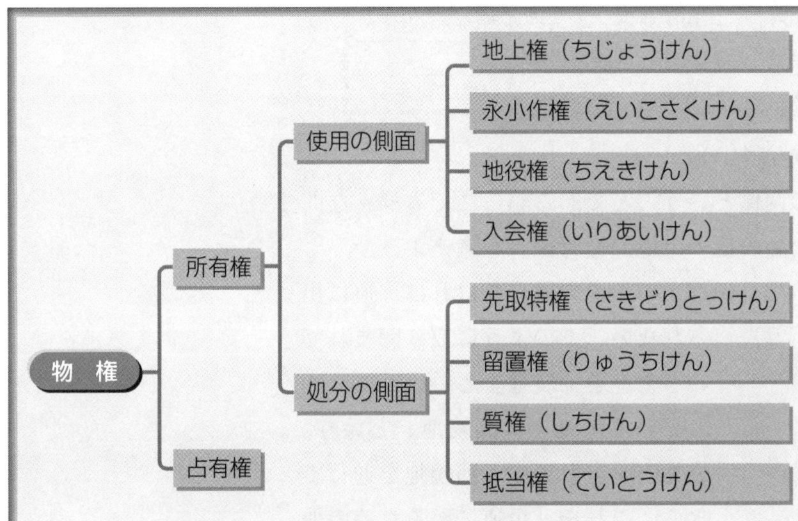

以上が、民法が用意した物権のラインナップであるが、初めは「所有権」「占有権」及び「抵当権」を覚えればよい。

以下、順を追って内容を見ていくことにする。

2 所有権

所有権で試験に出題されているものの分野は広いが、ここでは、「共有(きょうゆう)」と「相隣関係(そうりんかんけい)」を考えてみよう。

⑴ 共有

通常は、１つの物を１人で所有している。これを２人以上で所有している場合を「共有」という。

例えば、家屋をＡＢＣ３人で共有しているとしよう。この場合、ＡＢＣのその家屋に対して有する権利を持分という。例えば、家屋が1000万円で、Ａが500万円、Ｂが400万円、Ｃが100万円を出して家屋を買った場合は、通常、Ａが5/10、Ｂが4/10、Ｃが1/10の持分を持っている。

この家屋の屋根に修繕（しゅうぜん）が必要だというような、物の保存に必要な行為は、「単独」ですることができる。

また、この家屋を誰かに貸すような、物の管理に必要な行為をするには「持分の過半数の賛成」が必要である。

さらに、この家屋を売却するような、物の処分（変更）に関する行為をするには、「全員の賛成」が必要である。

CHECK POINT！

共有物を分割することもできる。また、「不分割の特約」を結ぶこともできる。

	要　件	出題例
保存行為	１人でできる	屋根の修繕・不法占拠者の追い出し
管理行為	持分の過半数	賃貸借（賃貸借の解除も）
変更行為	全員の賛成	共有物全体の売却や抵当権の設定

⑵ 相隣関係（そうりんかんけい）

相隣関係とは、隣近所の関係ということである。ここでも様々な問題があるが「公道に至るための他の土地の通行権」を考えよう。

左図において、ＸはＡＢＣＤの誰かの土地を通らなければ、道に出られない。このように取り囲まれている土地を「袋地（ふくろじ）」といい、取り囲んでいる土地を「囲繞地（いにょうち）」という。袋地の所有者Ｘは、囲繞地を通行できる。これを「公道に至るための他の土地の通行権」（囲繞地通行権）という。

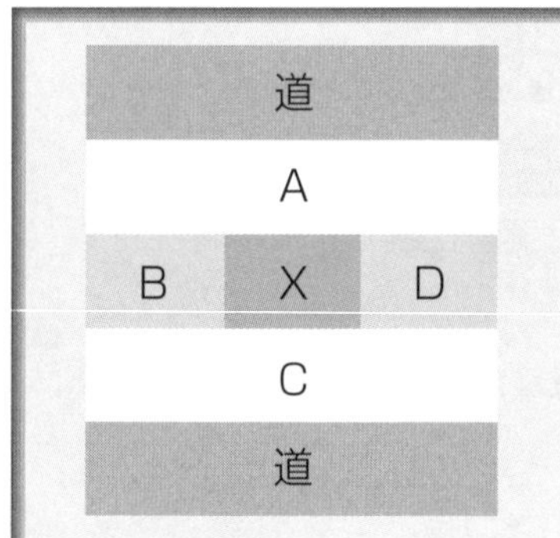

３ 占有権

占有権にも様々な問題があるが、ここでは占有訴権をとりあげる。

前述（**1**⑶）した、Ａ所有のカメラをＢが借りた場合をもう一度考えてみよう。

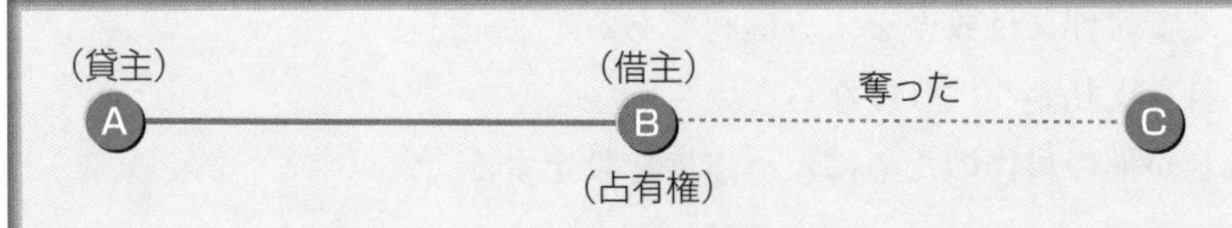

これをCが奪った場合、Bは「占有権に基づいて返せ！」という訴えを提起できる。これを「占有回収の訴え」という。

このように、占有しているだけで認められる訴えがある。

訴 え	場 面	手 段
占有保全の訴え	占有を妨害されるおそれがあるとき	妨害の予防「又は」損害賠償の担保
占有保持の訴え	占有を妨害されたとき	妨害の停止「及び」損害賠償
占有回収の訴え	占有を奪われたとき（※）	返還「及び」損害賠償

※奪われたときであって、「だまし取られた」などの任意性がある場合を含まない。

4 地上権

(1) 地上権とは何か

地上権とは、他人の土地で工作物又は竹木を所有する権利である。工作物とは、建物等を思い浮かべて頂きたい。

例えば、A所有の土地にBが建物を所有するために地上権を設定する契約を締結した。

この場合、Bを地上権者、Aを地上権設定者という。

なお、地代は原則として無料である。

(2) 地上権の存続期間

地上権の存続期間については民法には特に制限する旨の規定はなく、当事者間に自由に定めることができ、また当事者が定めなかったときは、裁判所が一定期間を定めるという規定があるが、建物所有の目的である場合には借地借家法の規定により最低30年となる（上限はない－期間が永久でも可）。

5 永小作権

⑴ 永小作権とは何か

永小作権とは、他人の土地で耕作又は牧畜をする権利である。上記**4**の地上権とは異なり小作料を支払わなければならない。

例えば、A所有の土地にBが稲の耕作のために永小作権を設定する契約を締結した。

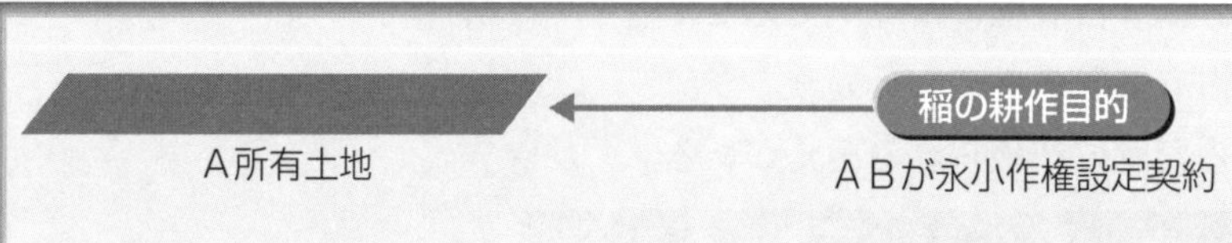

この場合、Bを永小作権者、Aを永小作権設定者という。

⑵ 永小作権の存続期間

永小作権の存続期間は20年以上50年以下である。50年より長い期間を定めたときでもその期間は50年とする。

6 地役権

⑴ 地役権とは何か

他人の土地を契約で定めた目的に従い自己の土地の便益に供する権利である。地役権には様々なものがあるが、ここでは通行地役権を考えてみよう。

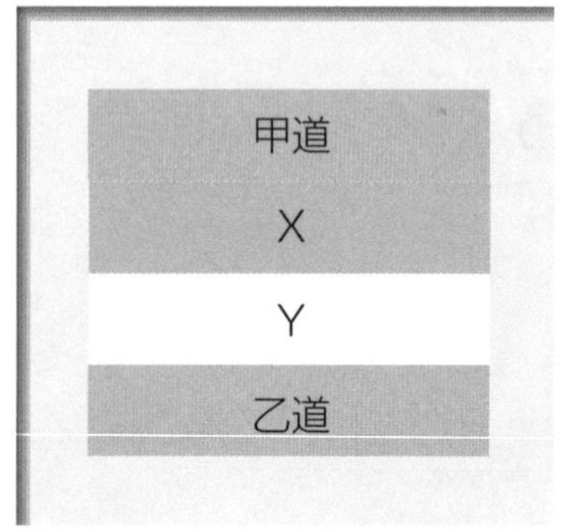

左図において、Xの土地は甲道に接しているが、乙道はバス通りでありYの土地の前にバス停があるとしたら、Yの土地を通行することができたら、Xの土地はバス停に非常に短距離で行くことができ便利な土地となる。このように他人の土地を通行することによって自己の土地の便益を増すことができる地役権を通行地役権という。

この例では、Xが地役権者でありX土地を要役地、Yが地役権設定者でありY土地を承役地という。

⑵ 地役権で注意する点

①要役地と承役地は隣接している必要はない。

②１つの土地に重ねて地役権を設定することができる。

7 入会権

⑴　入会権とは何か

入会権とは、ある一定の人々が、土地を共同で使用することができる慣習法上の権利である。

慣習法上の権利というのは、契約によって発生するものではないことを表している。

例えば、A村に住んでいる人々は全員、山に入って薪を集める権利が慣習法上認められているような場合である。

⑵　入会権での注意

入会権は現代社会においては消滅しつつあるので、あまり重要ではないが、概念だけは押さえておいて頂きたい。

8 先取特権

⑴　先取特権とは何か

文字通り一定の債権を有する者が先に取る権利を有する担保物権である。

この一定の債権は法が定めており、契約によって先取特権を設定することはできない。

⑵　先取特権の種類

①一般の先取特権

例えば、給料債権を考えてみよう。AはBに対して給料債権を有しているが、他にCDE等大勢の債権者がいるとする。CDEが大口の債権者であれば、債権者平等の原則により債権者に平等にBの財産を分配してもAが取れる金額は微々たるものであろう。そこで、生活を保護する観点から給料債権には一般の先取特権が認められCDE等より先にBの全財産から取る権利を認めたのである。

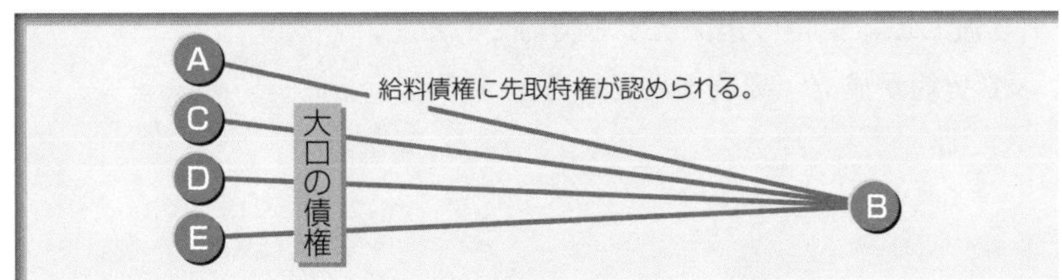

先取特権の目的が債務者の全財産である点が特徴である。

②動産の先取特権

債務者の特定の動産に対し、法定の債権者が先取特権を有するものである。

例えば、Bが建物をAに賃貸している場合を考えてみよう。Aが賃料を支払わないときは、賃借人であるAが当該建物に備え付けた動産に対し、Bが先取特権を有するというものである。

③不動産の先取特権

債務者の特定の不動産に対し、法定の債権者が先取特権を有するものである。

例えば、BがA所有建物の屋根の工事をし、工事代金債権を有していたとする。Bは屋根の工事を施した建物に対し、工事代金を担保するため、先取特権を有するというものである。

9 留置権

(1) 留置権とは何か

他人の物の占有者は、その物に関して生じた債権を有するときは、その債権の弁済を受けるまではその物を留置することができる。

(2) 例

例えば、AがBに時計の修理を依頼したとする。

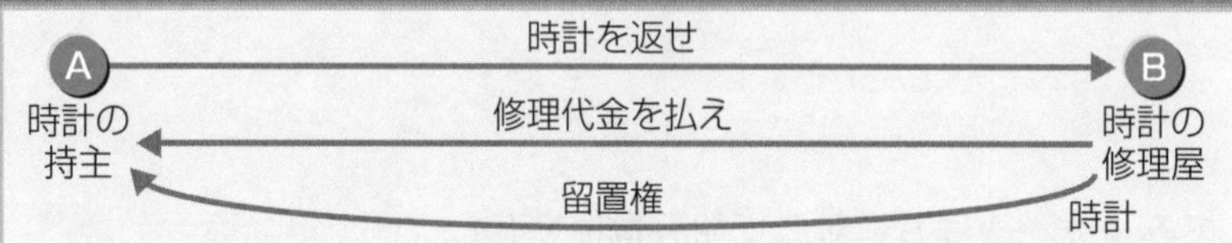

Bの修理代金債権を担保するため、Bに時計の留置権を認めた。

CHECK POINT!

留置権も先取特権同様、契約によって成立するものではなく、法が定めた担保物権である。

10 質権

(1) 質権とは何か

質権とは、相手方に物を引き渡して、債権の担保とする契約である。相手方に引き渡すことによって契約が成立（要物契約という）する点に注意。

(2) 質権の種類

①動産質

相手方に引き渡す物が動産である場合である。

②不動産質

相手方に引き渡すのが不動産である場合である。

不動産については、抵当権がよく使われるのでそれとの比較が重要である。主な違いは次の通りである。

ⅰ要物契約－抵当権設定契約は「設定しよう、そうしよう」という諾成契約であるが、質権設定契約である以上要物契約である。

ⅱ期間－抵当権には存続期間というものがないが、質権の存続期間は最長10年である。ただし、更新はできる。

ⅲ原則として、不動産質権者には利息請求権はなく、管理の費用も払わなければならないが、当該不動産の使用及び収益権がある。一方、抵当権者は利息を請求することができるが、目的不動産を使用収益することができない。

③債権質

債権を質の目的とする場合である。この場合、引渡しは証券債権であればその証券を引き渡すことによって要物性を満たすが、他の債権では要物性を厳格に考えない。

なお、対抗要件は債権者から債務者への通知又は債務者から債権者若しくは質権者への承諾である。

CHECK POINT!

対抗要件とは権利を主張するための要件である。

11 抵当権

(1) 抵当権とは何か

例えば、XがYに1000万円を貸して、Y所有の土地に抵当権を設定した場合を考えてみよう。

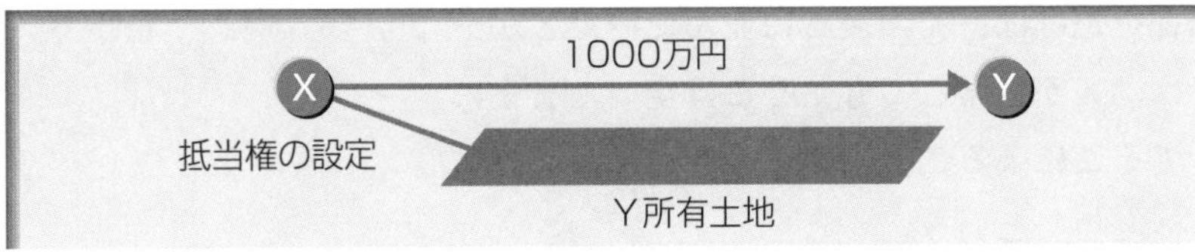

Yが弁済しなかった場合、Xは抵当権を実行できる。

抵当権の実行は、次のように行われる。

まず、XがYの土地（抵当権が設定されている土地）を売却して欲しいと裁判所に申し立てる。裁判所は、この土地を競売（きょうばい若しくはけいばい）する。

例えば、Aがこの土地を1200万円で競落（けいらく－買うこと）した。この1200万円のうち、1000万円はXが優先的に取ることができる。これは、Xの他に沢山の債権者（金を貸している人）がいても、同様である。

つまり、Xは彼ら他の債権者に優先して1000万円の弁済を受けることができるのである。

(2) 根抵当権（ねていとうけん）とは何か

抵当権の特殊なものに「根抵当権」がある。これは次のようなものである。

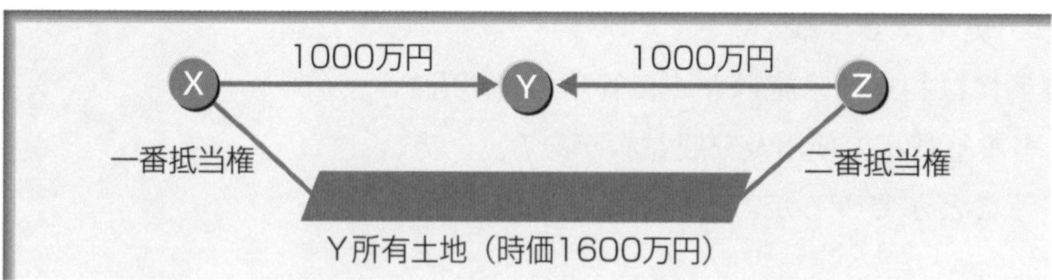

Xが先に抵当権を設定している。これを一番抵当権という。ZがXの後で抵当権を設定している。これは二番抵当権である。

この後にYがXに1000万円を弁済したとする。そうすると、Xの抵当権は消滅する。債権がなければ抵当権はない。これを「付従性」という。そうすると、Zが一番抵当権に上昇する。Xがその後Yに1000万円を貸して抵当権を設定しても、Zに後れ二番抵当権になる。

> **CHECK POINT!**
> 順位が上昇することを「順位上昇の原則」という。

その後に抵当権が実行され1600万円で競落された場合、Zは一番だから優先的に1000万円をとり、Xは残りの600万円しか優先しない。

もし、XとYとの間に頻繁に取引があった場合、Xにとってこれでは困ることになる。

そこで、一定の枠を設けておいて、その枠はXのもので、それを何回も使えることにした。それが、根抵当権である。

抵当権では、Xがその順番を退けば、Xの後ろに並んでいたZが一歩前に進むが、根抵当権では、Xが退席しても、そこは空いたままになっていて、また、Xがきてそこに入ることになるのである。

なお、この枠のことを「極度額」という。

12 登記

さて、物権編の最後に、非常に厄介な問題を取り扱う。基本をここで頭にたたき込んでおいて頂きたい。

(1) 登記とは何か

例えば、YはXから土地を買おうとしている。あなたもYになったつもりで考えて頂きたい。どうして、Xがその土地の所有者だと分かるのかについて。

これは、土地に「登記」がしてあるからである。登記とは、不動産の履歴書だと思えばよい。誰から誰に譲渡され、今は誰が所有者で、誰のために抵当権が設定されているのか、全部記録されてある。

Yは、買おうとする土地の登記事項証明書を取り寄せ、そこに現在の所有者がXと書いてあれば、一応信用して買うことになるのである。

(2) 二重譲渡（にじゅうじょうと）

ところが、Xはすでに、Zに売却しているが、何食わぬ顔をしている場合を考えてみよう。しかし、登記記録にはZは表れていない。

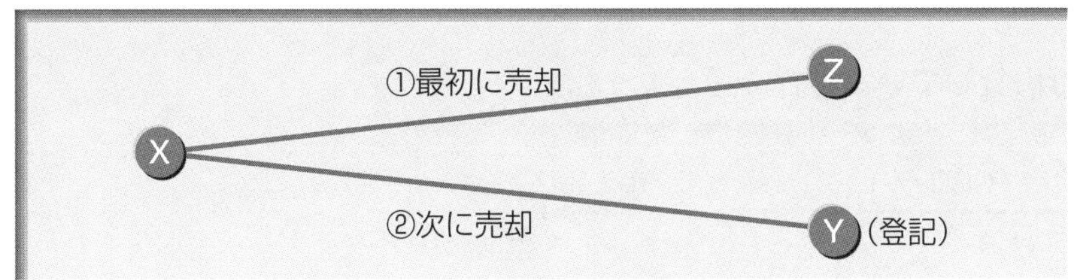

そこで、YはXから購入し、登記もXからYに移転した。

その事を知ったZは、Yに「私の方が先に買ったのだから」というかも知れない。

この場合、先に登記を得たYの勝ちでZはYに対し「所有権」を主張することはできない。

この事例を「二重譲渡」といい、これが登記を巡る問題の基本となる。

(3) 登記で決着をつける理由

登記は、前述したように、不動産の履歴書（りれきしょ）であり、誰でも登記事項証明書を取り寄せることができる。

例えば、Yが取り寄せたとき、Zは登記記録には表れていない。

Zが表れていないのに、Zを意識せよというのは、酷な話である。

買ったならばXからZに登記を移転できるのにそれをしなかったZが悪いのである。

Zは、Xに責任を追及していくことになるだろう。しかし、それはYとは無関係である。

「先に登記をしたものが勝つ」が原則である。

CHECK POINT!

二重譲渡事例は、登記の問題を考える基本である。

債　権

1 債権でよく出てくる言葉

最初にも述べたように、債権では「契約（けいやく）」が中心である。

ここでは債権の最初に、債権でよく出てくる言葉を学習しよう。

⑴ 債権と債務

例えば、XがYに1000万円貸している場合を考えよう。

XはYに対して、「1000万円返せ」ということができる「権利者」である。この権利者のことを「債権者（債権を有している者）」という。

逆に、YはXに対して「1000万円を返さなければならない」「義務」を負っている。この義務者のことを「債務者（債務を負っている者）」という。

⑵ 履行（りこう）と不履行

履行とは約束を果たすことである。上記の例でいえば、Yが1000万円をXに支払うことである。

逆に、約束を破ることを「不履行」という。

従って、義務に違反して約束を破ることを「債務不履行」という。

⑶ 契約

前述したように、契約とは一定の債権債務を発生させる「約束」である。例えば、Aが家屋をBに1000万円で売却するという契約（売買契約）を考えてみよう。

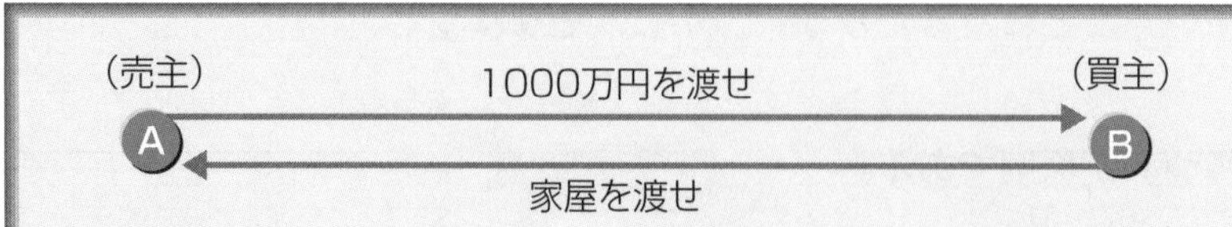

契約は、「申込み」と「承諾」により成立する。上記の例でいえば、A（B）が申込み、B（A）が承諾することにより売買契約が成立す

るのである。申込みと承諾はＡＢどちらでもよい。

とにかく、「売りましょう」「買いましょう」の意思の合致があればいいのである。

ここからは、最初に書いた「民法とは何か」の契約の項に従って書いていくことにする。

2 当事者の権利・義務

前記**1**⑶の例で考えていく。

⑴ それぞれの主な権利・義務

	権　利	義　務
売主（A）	代金請求	家屋の引渡し
買主（B）	家屋の引渡し請求	代金の支払い

⑵ 同時履行

例えば、売主が代金だけ貰って家屋を引き渡さないとか、買主が家屋だけ引き渡して貰って代金を払わないとかということが起きる可能性がある。

そこで、民法は、売主・買主双方が「せいの」で履行するようにした。これを「同時履行（どうじりこう）」という。売主にも買主にも「同時履行」にしてくれという「抗弁権（こうべんけん）」がある。（すなわち、「あなたが履行しなければ私もしませんよ」と言うことができる。）

※抗弁権とは、「文句」や「主張」ということである。

⑶ 債務不履行

債務不履行にも様々な形態があるが、重要なものは、「履行遅滞（りこうちたい）」と「履行不能（ふのう）」である。

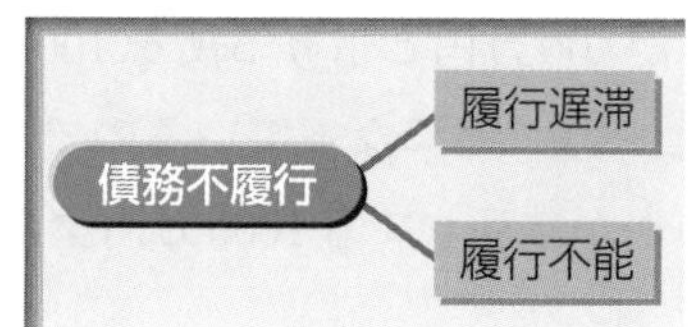

①履行遅滞

遅滞とは遅れることであるから、履行遅滞とは、約束の日時に遅れることを意味する。

この場合は、一定の手続を経て、もう一度履行してくれと請求するが、だめなときは、「損害賠償」を請求したり「解除」することができる。

※「解除」とは、契約はなかったことにしようという意思の表示である。解除されると、最初から何もなかったことになる。

②履行不能

CHECK POINT!
損害がなければ損害賠償請求はできない。

約束が不能つまり果たせない状態となることである。

例えば、売主（A）のタバコの火の不始末で家屋を燃やしてしまった等がそれである。この場合も、「損害賠償」を請求したり「解除」することとなる。

3 当事者以外の人への影響

(1) 多数当事者の債権・債務

通常民法では、債権者１人・債務者１人が登場する。しかし、現実には、債務者側が２人以上の場合が多い（２人以上は多数)。

多数当事者の債権・債務関係の形態は様々だが、ここでは、「連帯債務（れんたいさいむ）」「保証（ほしょう）」及び「連帯保証（れんたいほしょう）」をとりあげる。

①連帯債務

例えば、ＡＢ２人で事業を起こそうと考えたが、金がないので、Ｘに借りに行った場合を考えてみよう。借金は1000万円である。

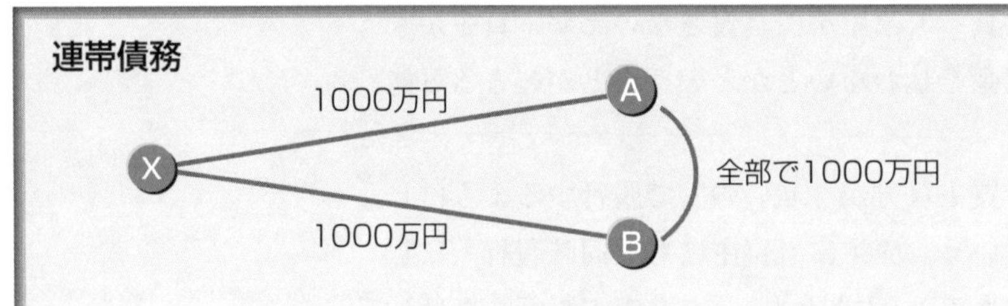

この場合、Ｘが「ＡもＢも1000万円全部について弁済の義務を負う。しかし、2000万円の弁済を受けるわけではない」という条件を出し、ＡＢ共に了解したとする。これを「連帯債務」という。

例えばＡが600万円、Ｂが400万円と借りる所を1000万円ずつ借りた（全部でも1000万円）ということになっているのである。

Ｘにしてみれば、どちらかが破産しても1000万円全部がとれる担保があるということだ。

連帯債務の場合には、連帯債務者の一人について生じた事由が他の連帯債務者に影響を及ぼす事項（絶対効）と、及ぼさない事項（相対効）がある。例えば連帯債務者の一人に対する「請求」は絶対効であるので、Ａ（Ｂ）に対して行った「請求（せいきゅう）」は、Ｂ（Ａ）にも、請求したことになる。

また、連帯債務者の一人がした「承認」は相対効であるので、Ａ（Ｂ）が行った「承認（しょうにん）」は、Ｂ（Ａ）が行ったことにはならない。

※承認－貴方にお借りしましたと認めることである。

②保証

XがAに1000万円を貸し、Bがそれを保証している場合を考えてみよう。

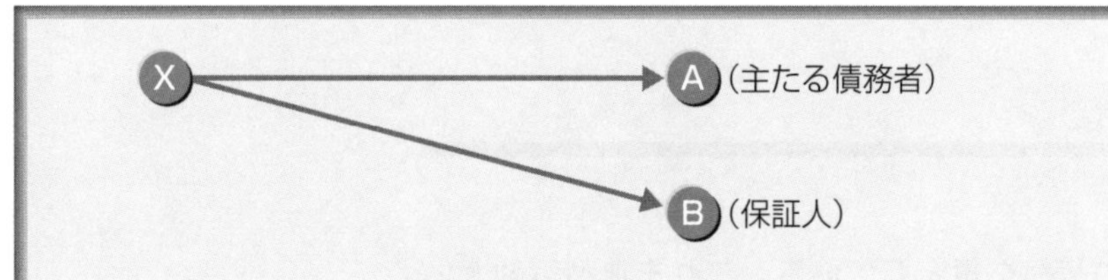

この場合、Aを「主たる債務者」、Bを「保証人」という。

主たる債務者（A）に生じた事情は、保証人（B）に影響を与えるが、保証人に生じた事情は主たる債務者に影響を与えない。

例えば、Aに対する「請求」やAが「承認」をすれば、Bに対する「請求」やBが「承認」したことになるが、Bに対し「請求」したりBが「承認」をしても、Aに対する「請求」やAが「承認」したことにはならない。

※上記①の連帯債務の場合、債務者（AB）は並列的であるが、保証の場合は、Aが主で、Bが従である。

③連帯保証

連帯保証は、保証とほぼ同一であるが、若干異なることがある。つまり、連帯保証人（B）に生じた事情が主たる債務者（A）に影響を与える場合があるのである。

今は詳しいことは述べないが、こういう形態もあるぐらいの覚え方をしておいて頂きたい。

CHECK POINT!
例えば、Bに「請求」すればAに「請求」したことになる。

⑵ 第三者による弁済

次の例で考えてみよう。

XはAに1000万円を貸している。これを全くの第三者（例えば、Aの友人B）が弁済（べんさい）できるだろうか、というのがここでの問題である。

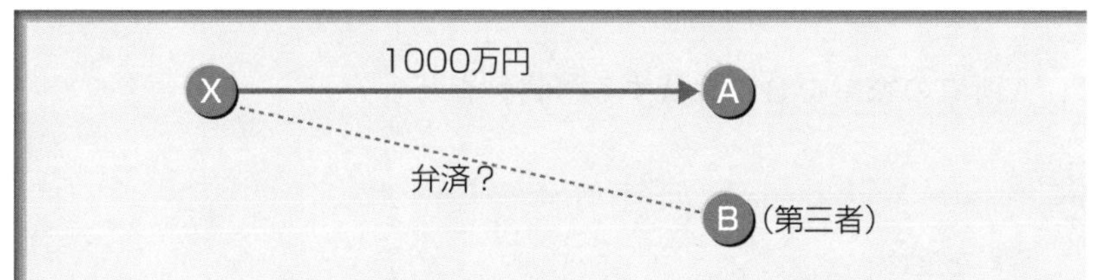

民法は、原則として債務者以外の第三者による弁済を認めているが、「弁済について利害関係を有しない第三者は、『債務者の意思に反して』

弁済することはできない。」としている。

弁済について利害関係を有しているとは、例えば、Bが物上保証人等の場合である。Aが払わなければ自らが払わなければならない立場の人が利害関係を有しているといえる。

4 契約の種類

(1) 総論

民法は、全部で13種類の契約を規定している。これを典型契約という。勿論、これだけではなく、自分たちで契約を作り出すことは自由にできる（契約自由の原則）。

CHECK POINT !
典型契約のことを民法に「名」が有るので「有名契約」ともいう。

ここでは、その中で「売買契約（ばいばいけいやく）」と「賃貸借契約」を考えてみよう。

(2) 売買契約

ここでは、前述のAが家屋をBに1000万円で売却するという契約（売買契約）を考えてみよう。

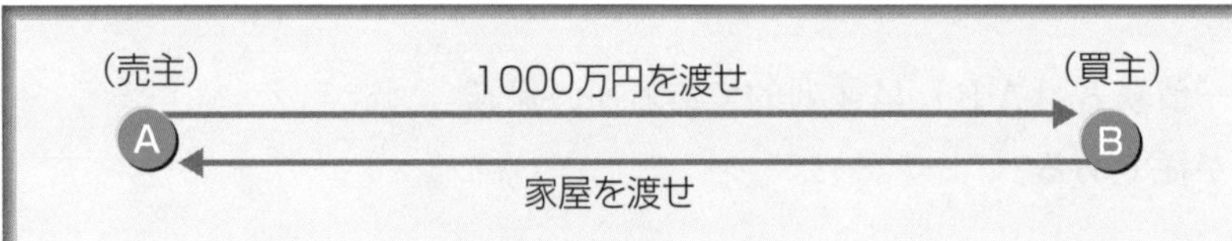

この場合、Aは権利者（1000万円の請求）であると同時に義務者（家屋の引渡し義務）である。Bも同様に権利者（家屋の引渡し請求）と同時に義務者（1000万円の支払い）である。

このように、お互いが権利者（債権者）であり義務者（債務者）である契約を「双務契約（そうむけいやく）（お互いに義務を負う契約）」という。

契約の中には一方しか義務を負わないものもある。例えば、贈与（ぞうよ）（ものをあげる契約）がそうである。この契約ではあげる方だけが義務を負っていて、貰う方は権利者である。この契約を「片務契約（へんむけいやく）（片方だけが義務を負う契約）」という。

(3) 賃貸借契約

賃貸借契約とは、例えば、A所有の家屋をBに賃貸する（賃料をとって貸す）契約である。

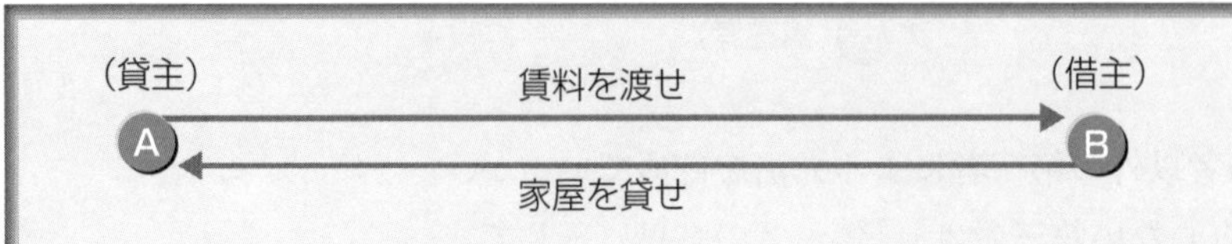

この場合も、お互いに権利と義務を有している。つまり、賃貸借契約も双務契約である。

読者の中にも家屋に限らず賃貸借契約をしている人は多いと思う。

ここに例として出した家屋の賃貸借契約においては、家屋の屋根が古くなって修繕（しゅうぜん）が必要な場合に誰が修繕費を出すのか、家屋のトイレを和式から洋式に変えるために、誰が金を出しそれがどうなるのか、Ｂが敷金（しききん）を払っている場合に賃貸借契約終了時に敷金はどうなるのか等問題は盛りだくさんである。

5 不法行為

(1) 不法行為とは何か

不法行為とは、故意又は過失により他人の権利又は法律上保護される利益を侵害することである。

この侵害した者は侵害された者に損害賠償をする責任を負う。

(2) 責任能力

ある者が不法行為を行った場合でも、その者が幼児であるときは損害賠償責任を負わない。このように不法行為を行っても損害賠償責任を負わないことを、責任能力がないという。不法行為を行った者が責任能力を有しない場合は、原則として保護者が責任を負う。

(3) 使用者責任

使用者は被用者がその事業の執行について第三者に損害を加えた場合は、その賠償責任を負う。

この場合は、使用者と被用者の両者が被害者に対して責任を負うのである。支払った使用者は被用者に「お前のために支払ったのだから」と求償することができる。

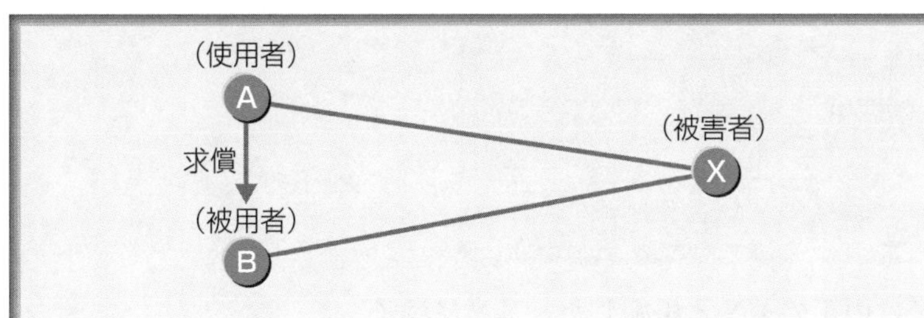

家族法

I　総　論

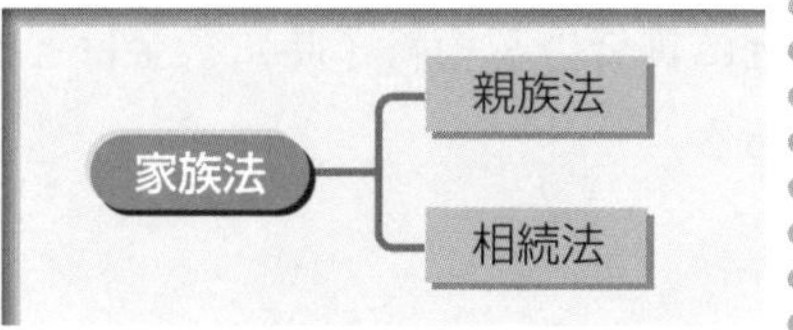

家族法は、文字通り「家族」を扱う分野である。家族法は、親族間の関係、特に「夫婦」「親子」を扱う「親族法」の分野と、相続を扱う「相続法」の分野に分かれる。

CHECK POINT !

「家族法」という名前の法律があるのではなく、民法の親族編と相続編を総称して「家族法」と表現しているのである。

Ⅱ　親族法

1 よく登場する言葉

(1)　血族・姻族・配偶者

血族というのは、文字通り血が繋がっている関係である。例えば、Xと甲乙ZABCは血族である。なお、養子縁組（後述）をすれば、血は繋がっているものとし、血族関係に入る。これを法定血族という。

それに対し、婚姻によって結び付いている関係を姻族という。Xから見れば、丙丁Wは姻族である。

なお、婚姻している関係は、配偶者という。つまり、夫から見た妻、妻から見た夫を配偶者という。例えば、Xの配偶者はYであり、Zの配偶者はWである。

(2)　尊属・卑属

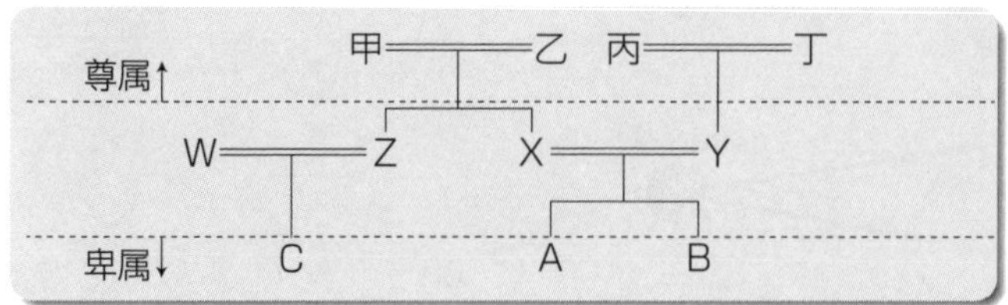

甲乙には、子XZがいた。Xは丙丁の子Yと婚姻した。XYには子ABがいて、ZはWと婚姻し、子Cがいる。

尊属・卑属という区別は血族にはあるが、姻族にはない。

したがってXを中心に考えると、甲乙は上位にいる。この人達を尊属という。

それに対して、ＡＢＣは下位にいる。この人達を卑属という。

これに対し、同列にいるＺ等は何も当てはまる言葉がない。

⑶ 直系・傍系

また、祖父母から子、孫というラインを直系といい、おじおばや兄弟姉妹や従兄弟を傍系という。Ｘから見れば、甲乙丙丁ＡＢは直系であり、ＺＷＣは傍系である。

CHECK POINT!
誰を中心に考えるかという点で相対的である。

2 夫婦

⑴ 婚姻

①婚姻の要件

ＡＢが婚姻(こんいん)をしようとする。この場合でも、要件が揃っていないと婚姻できない。

例えば､男は18歳､女は16歳にならなければ婚姻できない等である。主な要件をあげる。

ＡＢが三親等内の血族でないこと（※１）
Ａ又はＢが他の者と婚姻していないこと（重婚の禁止）
前婚の解消の日から６カ月を経過していること（女性）（※２）

※１「親等」とは、親族間の遠近や親族関係の親しさを計る尺度である。例えば、親子は一親等、兄弟は二親等、おじおばと甥姪(おいめい)が三親等である。いとこ同士は四親等なので婚姻できる。

※２前婚の解消からすぐに婚姻すると、どちらが父親か分からないからである。従って、前婚の解消の前から懐胎しているときは、子を出産すれば６カ月が経過していなくてもすぐに婚姻できる。

CHECK POINT!
民法改正により、2022年4月1日からは女子の婚姻年齢は18歳に引き上げられる予定である。

②婚姻の効力

様々な効力があるが、ここでは、「姓」「同居など」その他をとりあげる。

ⅰ姓

婚姻する場合は、夫又は妻の姓に統一しなければならない。夫婦同姓という。どちらかの姓に統一するのであって、新しい姓を創設できるわけではない。

ⅱ同居など

民法は、夫婦に「同居、協力、扶助義務」を課している。「扶助」とはお互いに助け合うことをいう。しかし、これは強制できない。

ⅲ成年擬制

未成年者が婚姻をすれば、成年者と同一に扱う。これは取引等における場合で、タバコが吸えるようになる訳ではない。

(2) 離婚

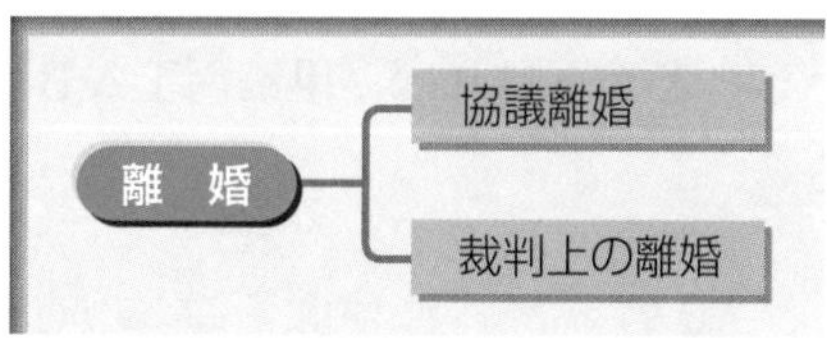

離婚(りこん)には、協議離婚(きょうぎりこん)と裁判上の離婚がある。前者は夫婦の協議により離婚し、後者は裁判所が離婚をさせるわけである。

離婚の効果の中で「姓(せい)」の問題は大きい。

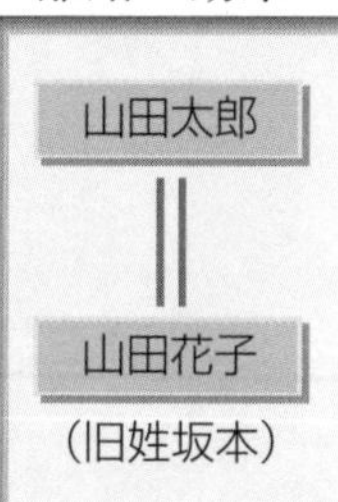

例えば、左図にあるような、山田太郎と山田花子（旧姓坂本花子）夫婦が離婚すれば、山田花子は、坂本花子となる。これを「復氏(ふくし)」という。

確かに、坂本花子は山田花子を名乗る措置を執ることもできるが、一旦は坂本（旧姓）に戻る。

これについては、旧姓に戻らず、山田花子のままで生活できるというように考えている人がいるが、それは誤解である。

CHECK POINT!

一旦、旧姓に戻り、それから後夫婦だった時の姓（氏）を名乗ることもできるのである。夫婦だった時の姓を名乗っても2人の戸籍は当然別々である。

3 親子

(1) 実親子関係

実親子関係とは自然に血が繋がっている関係である。

①嫡出子(ちゃくしゅつし)

上記の山田太郎・山田花子夫妻で考えてみよう。

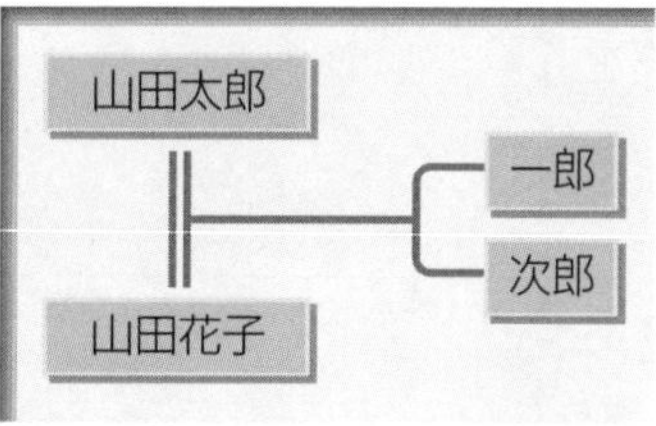

山田太郎、山田花子夫妻には、一郎、次郎という子がいる。この子は、婚姻した夫婦の子である。これを「嫡出子」という。嫡出子は、原則として親の姓を名乗る。

②非嫡出子

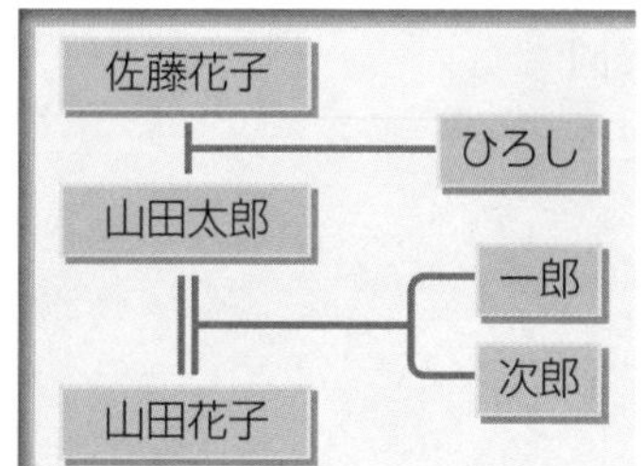

これに対して、山田太郎が、婚姻をしていない佐藤花子との間に子をもうけた。この子を非嫡出子(ひちゃくしゅつし)という。非嫡出子は、母親の姓を名乗る。この子は、佐藤ひろしとなる。

山田太郎は、佐藤ひろしを自分の子と認めることもできる。

自分の子と認めることを「認知(にんち)」という。

(2) 養親子関係

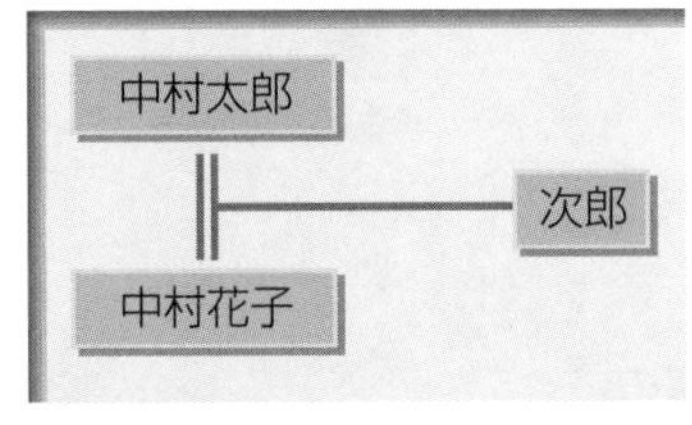

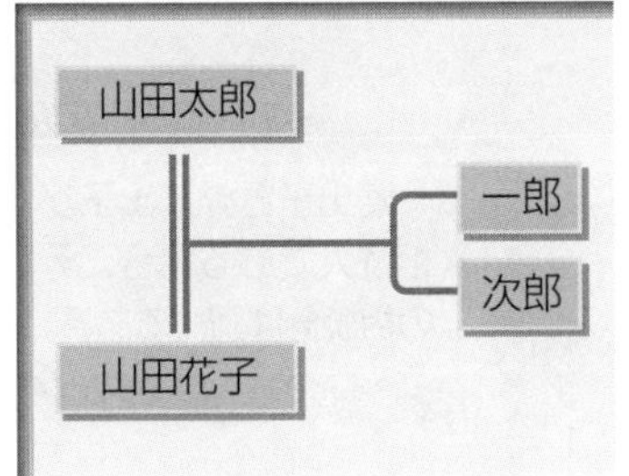

山田太郎、山田花子夫妻は、嫡出子である山田次郎を、中村太郎、中村花子夫妻の養子とした。

次郎が15歳未満であれば、山田夫妻と中村夫妻で養子縁組ができる。これを「代諾縁組(だいだくえんぐみ)」という。

次郎が15歳以上であれば、次郎と中村夫妻の間で養子縁組ができる。なお、次郎は中村夫妻の嫡出子（法定血族－法が定めた血族）として、中村次郎を名乗ることになる。

CHECK POINT!
中村次郎の親は全部で４人いることになる。

※特別養子について

以上述べたのは、「普通養子」という制度である。これは、次郎には、養親である中村夫妻と実親である山田夫妻がいることになる。つまり、養子縁組をしても、実親子関係は切れない。例えば、山田太郎が亡くなれば、次郎には相続権がある。

特別養子とは、実親と縁が切れる養子だと思って頂きたい。実親子関係が上手くいかず子が虐待(ぎゃくたい)を受けているような場合に、「家庭裁判所」が成立させるのが、「特別養子(とくべつようし)」である。

これに対して普通養子は、当事者等が成立させる。

Ⅲ　相続法

1 相続人と相続分

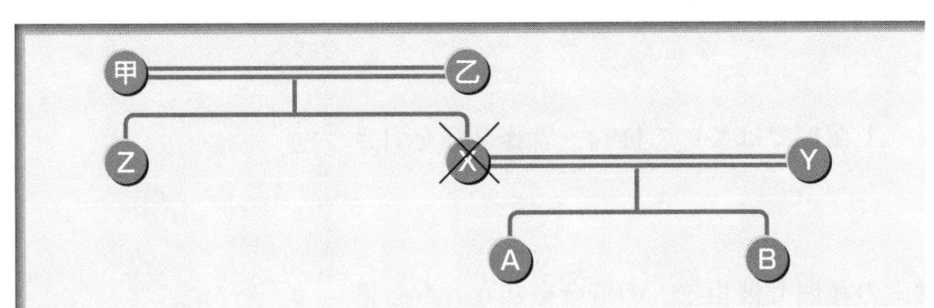

Ｘには、配偶者ＹとＹとの間に子ＡＢがいる。また、Ｘの両親は甲乙であり、兄弟姉妹Ｚがいる。Ｘが死んだ場合を考えよう。

⑴　**相続人**

①相続の第１順位は、子ＡＢである。

②相続の第２順位は（子がいない場合）、父母甲乙である。

③相続の第３順位は（子も父母もいない場合）、兄弟姉妹のＺである。

以上、①～③の場合、常に配偶者Ｙは相続人である。

※配偶者とは、夫から見た妻、妻から見た夫である。つまり、婚姻の相手方である。

⑵　**相続分**

①子と配偶者が相続人のときは、それぞれの相続分は２分の１である。

②父母と配偶者が相続人のときは、父母の相続分は３分の１であり、配偶者の相続分は３分の２である。

③兄弟姉妹と配偶者が相続人のときは、兄弟姉妹の相続分は４分の１であり、配偶者の相続分は４分の３である。

相続人	相続分
①子と配偶者	それぞれが1/2
②父母と配偶者	父母が1/3、配偶者が2/3
③兄弟姉妹と配偶者	兄弟姉妹が1/4、配偶者が3/4

CHECK POINT!
嫡出子と非嫡出子が相続人である場合、その相続分は同一である。

2 相続の形態

相続には、単純承認（たんじゅんしょうにん）・限定承認（げんていしょうにん）・放棄（ほうき）がある。

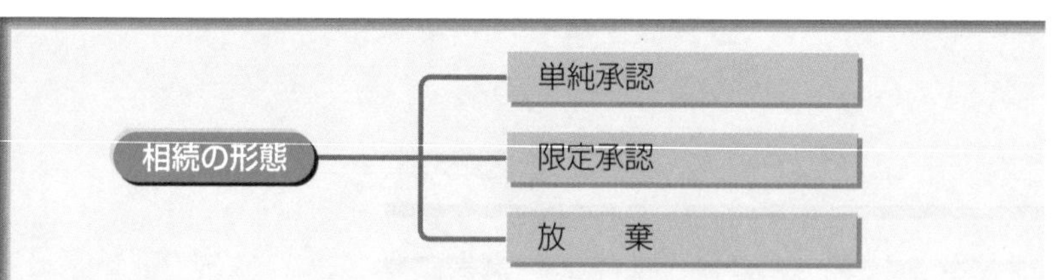

①単純承認

被相続人（相続される者－上記例ではＸ）の権利・義務全部を引き継ぐ。

②限定承認

相続によって残された財産の範囲で被相続人の借金を払う。もし借金が多ければ、残された財産分しか払わなくていいし、残された方が多ければそれを相続する。例えば、1000万円残されたとする。

i	借金が1600万円	1000万円払って終わり
ii	借金が800万円	残りの200万円を相続

③放棄

相続をしない意思の表示。

CHECK POINT!
自己のために相続の開始があったことを知った時から3カ月以内に左の②③はしなければならない。しなければ①の単純承認となる。

3 遺言（いごん）

遺言は、被相続人の最後の意思の表示である。

◎遺言の種類

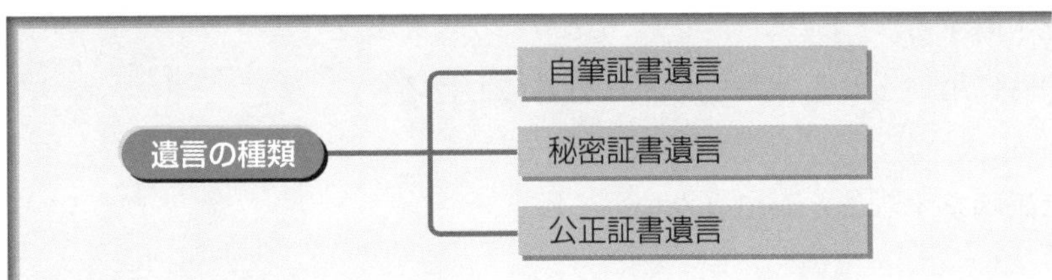

CHECK POINT!
満15歳に達した者は法定代理人の同意なく遺言ができる。

①自筆証書遺言（じひつしょうしょ）

原則として全部自分で書くが、「財産の特定に関する事項」は自書でなくても良い。

②秘密証書遺言（ひみつしょうしょ）

遺言の内容を秘密にして、遺言したことを公証人（こうしょうにん）と証人（しょうにん）（2人以上）に話す。

③公正証書遺言（こうせいしょうしょ）

遺言の内容も、公証人と証人（2人以上）に話す。

4 遺留分（いりゅうぶん）

例えば、上記例で被相続人Xが愛人Qに遺産のすべてをあげると遺言した場合を考えよう。

この場合、遺産の一部が相続人に残される。これを遺留分という。

相続人	遺留分
父母のみ	遺産の1/3
兄弟姉妹	なし
上記以外	遺産の1/2

例題でチェックしよう

《問題》○か×か

□□1　権利能力は生まれてから死ぬまであるが、一定の場合、生まれる前の胎児にも権利能力が認められる。

□□2　意思表示に瑕疵があってもそれは取り消しすることができるだけであり、無効となる場合はない。

□□3　表見代理も無権代理の一種である。

□□4　共有物を他人に賃貸するには共有者全員の同意が必要である。

□□5　土地の二重譲渡が行われた場合、原則として登記がなければ第三者に対抗することはできない。

□□6　同じ土地に２つの抵当権を設定することはできない。

□□7　連帯債務の場合、一人の連帯債務者への請求は、他の連帯債務者の債務の時効を中断する。

□□8　行為能力は契約の時に用いられる言葉で、不法行為における責任能力と同義である。

□□9　三親等内の姻族は婚姻をすることができない。

《解答・解説》

1　○　胎児は不法行為、相続及び遺贈の場合に権利能力が認められる。権利能力とは、権利義務の主体となり得る能力である。

2　×　意思表示に瑕疵があった場合、取り消しができるものと無効であるものがある。

3　○　表見代理も代理権がない場合であり、無権代理の一種である。従って、表見代理が成立しても無権代理に関する規定が適用される。

4　×　共有物を他人に賃貸する行為は「管理に関する行為」であり、このためには、共有者の持分の過半数の賛成が必要である。

5　○　原則としてという点に注意。例外が多い。

6　×　同じ土地に２つの抵当権を設定することはできる。ただ、一番抵当権、二番抵当権というように順番がつく場合が多い。

7　○　請求と承認を混同しないで頂きたい。承認の場合は時効の中断は生じない。

8　×　行為能力は契約の時に用いられる言葉とする点は正しい。しかし、責任能力は行為能力より低い能力とされている。

9　×　婚姻できないのは、「三親等内の血族」であり、本肢の「姻族」ではない。

第3章

刑法

刑法は数学に似ています。何が似ているかというと、その論理性です。

ある論理で体系が出来上がっています。論理を推し進めると結論に到達するのです。

従って、違う論理で刑法を考えると異なる結論になる可能性があります。試験では通説・判例と異なった考え方も問われていますので、混乱しないで下さい。

また、条文数が他の法律より少ないので読んで覚えることも必要かと思います。

条文を記憶しておくと自信もつきますので、大いに実力アップにもなることでしょう。

刑法総論

1 刑法は何のためにあるのか

(1) 刑法は犯罪人のためにある

時の権力者X（王や領主）がAの顔や言動が気に食わなかったので「Aを死刑にせよ」と命令したとしたらどうだろう。

あなたがAの場合、「自分が何をしたというんだ」と憤ることだろう。

これを防ぐためには、「○○の行為をした者は××の刑に処せられる」と決めておくことが必要である。

つまり、○○の行為をしなければ罰せられないという点で、刑法は個人を不当な処罰から守るという役割を果たしている。

その意味で罪を犯したとされる者のために刑法はある。

(2) 刑法は法益の保護のためにもある

「法益」とは、法によって守られている利益のことである。例えば、人の財産、身体、生命は法によって守られているから「法益」である。もっというと、社会の秩序の維持のためにも刑法はあるといえる。

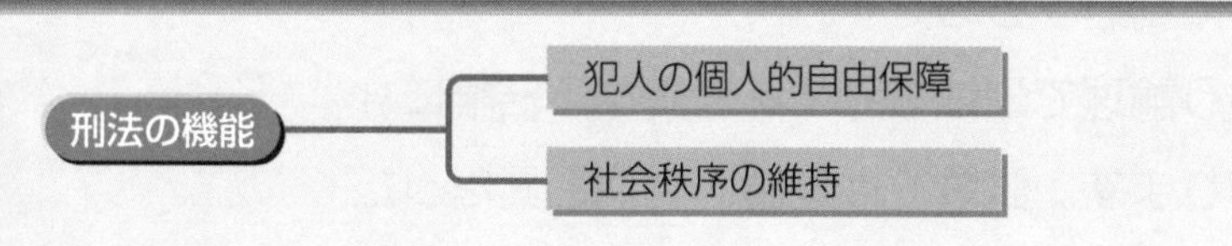

2 罪刑法定主義

(1) 罪刑法定主義とは何か

上記**1**(1)の機能を果たすためには、「罪」と「刑」が「法によって定まっている（法定されている）」ことが必要である。これを「罪刑法定主義」という。

この主義がなければ、時の権力者の勝手にされる危険がある。

(2) 罪刑法定主義の主な派生原則

派生原則	内　容
慣習刑法の排除	罪と刑が明文で示されていること
類推解釈の禁止	類推解釈（※）を許すと不当に広がる
刑罰不遡及	罪と刑は将来に向かって生じる
絶対的不定期刑の禁止	刑の期間を全く定めないことは禁止

※類推解釈とは、規定されているものと類似のものも規定されているとする解釈である。

3 刑法の適用

(1) 場所的適用

場所的適用とは、刑法がいかなる地域での犯罪に対して適用されるかという問題である。これについては、主に3つの考え方がある。

①属地（ぞくち）主義

自国の領域内で犯された犯罪に対しては、犯人の国籍を問わず刑法を適用する。つまり「日本国内」で犯された犯罪について刑法を適用するのが原則である。

②属人（ぞくじん）主義

自国民の犯した犯罪に対しては、その犯罪地を問わず刑法を適用する。刑法が日本人を追いかけていくのである。例えば日本人がフランスで人を殺した場合には、刑法が適用される。

③保護（ほご）主義

犯人の国籍及び犯罪地を問わず、自国又は自国民の利益を侵す者に対して、刑法を適用する。例えば、イギリス人がオーストラリアで日本の通貨を偽造した場合、刑法が適用される。

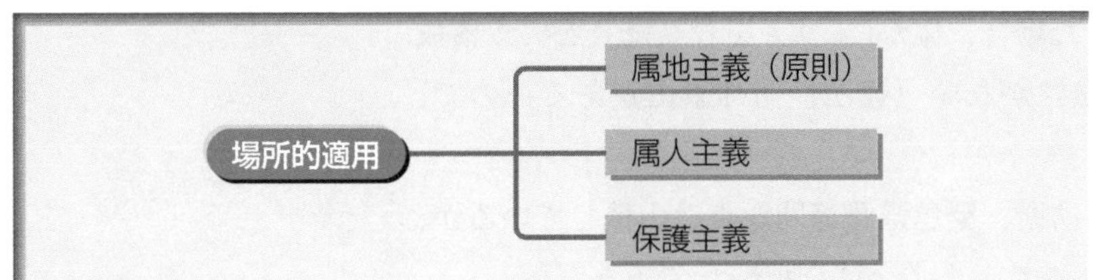

CHECK POINT!
その他、刑法には「公務員の国外犯」「条約による国外犯」が規定されている。

(2) 時間的適用

時間的適用とは、刑法がどの時点からどの時点まで効力をもつかという問題である。

この点については、上記**2**(2)の、刑罰は遡って適用されないという刑罰不遡及の原則があるが、次のような例外がある。

すなわち、「犯罪後の法律によって刑の変更があったときは、その軽いものによる」のである。

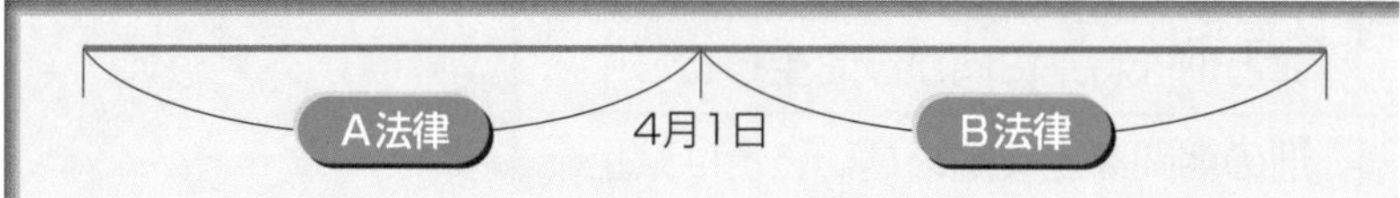

従って、４月１日前の犯罪行為であってもＢ法律の刑の方がＡ法律より軽い場合は、その犯罪行為にＢ法律を適用することになる。

4 犯罪の成立要件

犯罪とは、「構成要件に該当する違法かつ有責な行為」である。これを分解すると次のようになる。

⑴ 構成要件該当性

構成要件というのは、犯罪を構成する要件である。

例えば、殺人罪を考えてみよう。殺人罪は「人を殺した者は、死刑又は無期若しくは５年以上の有期懲役に処する」と規定されている。この殺人罪を構成する要件は「人を殺した」である。行為の対象（客体）は人でなければならず、行為は「殺した」でなければならない。

⑵ 違法性

違法性については争いがあるが、社会的不当性ないし「法に違反している」ということで覚えておいて頂きたい。

なお、構成要件に該当している行為は原則として、この違法性を備えている。従って、違法性においては、これがない場合（これを「違法性阻却事由がある」という）が問題となる。

例えば、正当防衛を考えてみよう。相手がピストルを構えていたので隙を見て棒で殴って殺した場合、確かに、「人を殺した」という構成要件には該当するが、違法性がない（違法性阻却事由がある）ので、犯罪は成立しない。

※違法性に関しては、正当防衛、緊急避難等問題点は山積しているが、この本はその任ではないので、まず全体を把握して頂きたい。

⑶ 責任

ある犯罪行為の責任をその行為者に問うことができるかが、「有責性」の問題である。なお、構成要件該当性、違法性を備えた行為は原則として、この有責性を備えている。従って、責任においては、これがない場合（これを「責任阻却事由がある」という）が問題となる。

例えば、心神喪失者を考えてみよう。いくら構成要件該当性、違法性を備えた行為であっても、その責任を心神喪失者に問うことはできない。つまり、有責性がないので犯罪は成立しない。

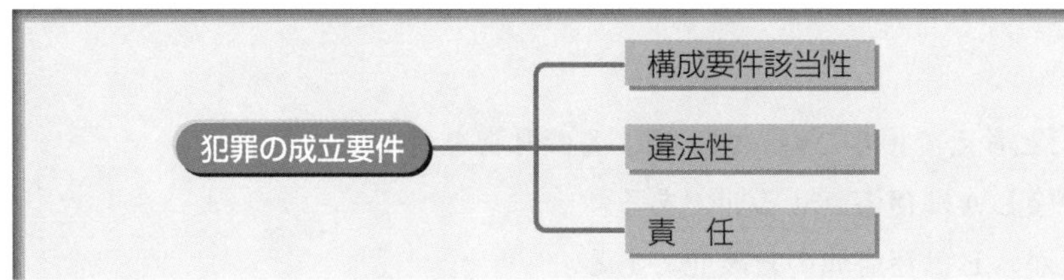

5 未遂

未遂とは、犯罪の実行に着手はしたが、これを遂（と）げることができなかったことをいう。

例えば、ピストルで撃ったが当たらなかった（当たったが怪我を負わせるにとどまった）場合、殺人罪の実行に着手はしたが、これを遂げることができなかったのであるから殺人は未遂である。

未遂犯は、刑を減刑することができる（必ず減刑するのではない）。

6 共犯

(1) 共犯の種類

共犯とは、２人以上の者が協力して犯罪を実現することをいう。
共犯には、次の種類がある。

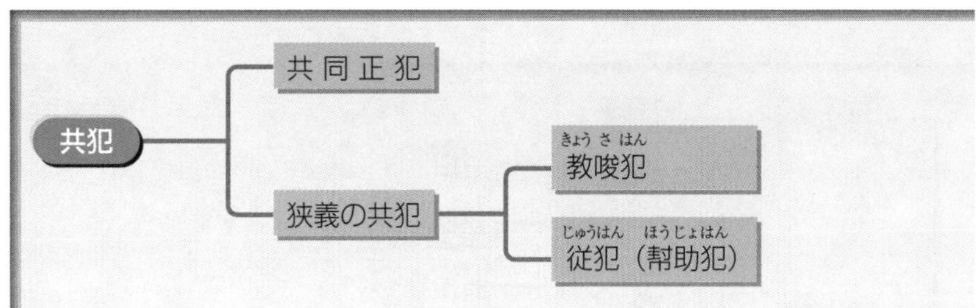

(2) 共同正犯とは何か

典型的な共同正犯とは、２人以上の者がお互いに実行行為を分担して犯罪を実現する行為をいう。

例えば、A、BがC宅に強盗に入り、AがピストルでCを脅し、その間にBが金品を物色するのは強盗罪の共同正犯である。なお、強盗罪とは、「暴行又は脅迫を用いて他人の財物を強取する罪」である。

1人ずつ分解して考えると、Aは金品を物色していないし、BはCを脅していない。しかし、2人がお互いを利用補充しあい強盗罪を犯しており、強盗罪の共同正犯となる。この場合はA、Bとも強盗罪の正犯として処罰される。

(3) 教唆犯とは何か

教唆とは、「唆（そそのか）す」ことだと考えて頂きたい。例えば、Xの財物を窃取する意思のないAをBが唆しAに窃盗させる罪である。

Aは窃盗罪の正犯であるが、Bは窃盗罪の教唆犯である。

教唆犯には、正犯と同等の刑を科す。

(4) 従犯とは何か

正犯を手伝うことだと考えて頂きたい。上記(3)の教唆犯との相違は、教唆犯では犯罪の決意がない者に犯罪を決意実行させるのに対し、従犯ではすでに犯罪の決意がある者に対しその実行を容易にさせる行為をして実行させる。

例えば、AがXを殺す手段に悩んでいるときに、BがAにピストルを貸す行為をすると、Bは殺人罪の従犯となる。

従犯の刑は正犯の刑を減刑する。

(5) 共犯の問題点

共犯には、身分の問題、錯誤の問題等問題点は山積している。しかしこの本はその任ではないので、まず全体を把握して頂きたい。

7 刑罰

(1) 刑罰の種類

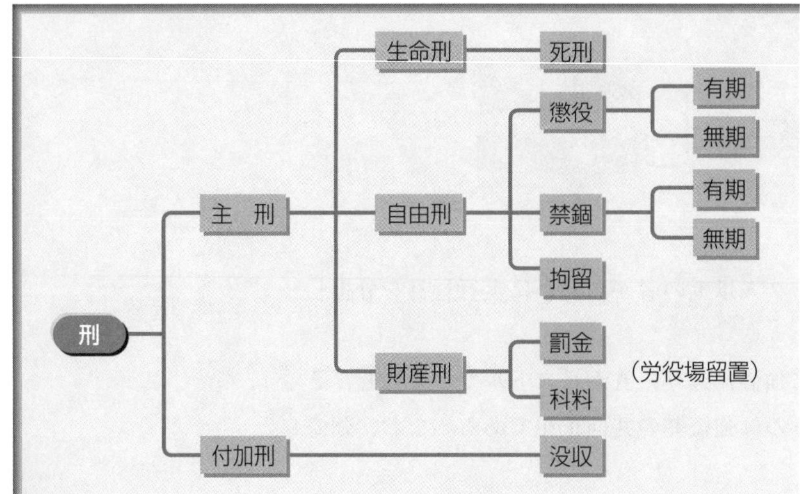

(2) 死刑

死刑は刑事施設内において、絞首して執行する。

(3) 懲役と禁錮

懲役は、刑事施設に拘置して作業を行わせるのに対し、禁錮は刑事施設に拘置するだけである。

ともに、無期と有期があり、有期の期間は原則として1月以上20年以下である。

(4) 拘留

拘留は、1日以上30日未満、刑事施設に拘置する。

(5) 罰金と科料

罰金は原則として1万円以上であり、科料は原則として1000円以上1万円未満である。

なお、これらを払えない者は、一定期間労役場に留置する。

(6) 没収

犯罪行為に用いた物等一定の物は没収する。

刑法各論

刑法各論の俯瞰

刑法各論では、各犯罪の構成要件を中心に考察することになる。例えば、殺人罪においては、「人を殺した」を分解して、「人」「殺した」を考察する。胎児は人ではなく殺人罪は成立せず、死体を殺すことはできない等前項で述べた「刑法総論」より具体的である。

次のように分類するのが通常である。

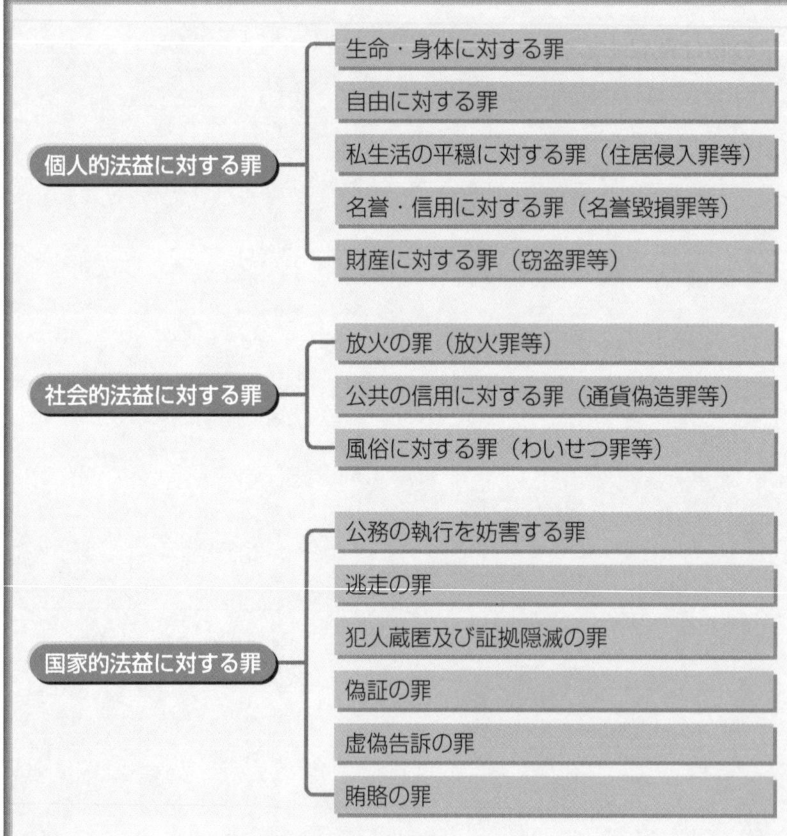

2 個人的法益に対する罪

(1) 個人的法益とは何か

法益とは前述したように「法によって守られている利益」である。従って、個人的法益とは、「法が守るべき個人が有している利益」のことである。

個人は、生命・身体、自由、私生活の平穏、名誉・信用、財産等、様々な法益を有している。

これらを守ることは刑法の役割の１つである。

(2) 生命・身体に対する罪

生命や身体の安全は法によって守られている。これを侵すと殺人罪・傷害罪等により罰せられる。

①殺人罪

殺人罪を犯した者は、死刑又は無期若しくは５年以上の懲役に処せられる。５年以上というのは、有期の最長期間は20年なので「５年以上20年以下」を意味する。

②傷害罪

人を傷害するのが傷害罪であるが、ここで傷害の意味については争いが存する。

判例は、人の生理的機能を害することと考えている。従って、頭髪を切断しても人の生理的機能を害するものではないから傷害罪とはならず、暴行罪となる。

傷害罪を犯した者は15年以下の懲役又は50万円以下の罰金に処せられる。15年以下の懲役とは、有期の最短期間は1月なので「１月以上15年以下の懲役」の意味である。また、50万円以下の罰金とは罰金の最低額は1万円なので「１万円以上50万円以下の罰金」の意味である。

なお、暴行罪を犯した者は２年以下の懲役若しくは30万円以下の罰金又は拘留若しくは科料に処される。

(3) 自由に対する罪

我々は自由であり、不法に人から拘束されることはない。これを侵すと逮捕罪・監禁罪等により罰せられる。例えば、監禁罪においては、「不法に人を監禁した者は３月以上７年以下の懲役」に処せられる。

逮捕罪 ── 不法に人を逮捕した者は監禁罪と同様

⑷ 私生活の平穏に対する罪

我々の私生活の平穏は法によって守られている。例えば、住居は私生活の中心である。正当な理由なくこれを侵すと住居侵入罪に処せられる。

住居侵入罪 ── 3年以下の懲役又は10万円以下の罰金

⑸ 名誉・信用に対する罪

名誉・信用は法によって守られている。これらを侵すと名誉毀損罪・信用毀損罪等によって罰せられる。例えば、名誉毀損罪においては、「公然と事実を摘示し、人の名誉を毀損した者はその事実の有無にかかわらず3年以下の懲役若しくは禁錮又は50万円以下の罰金」に処せられる。

⑹ 財産に対する罪

我が国は私有財産制を採用しており、財産は法によって守られている。これを侵すと窃盗罪・詐欺罪等により罰せられる。

①窃盗罪

窃盗罪というのは、他人の財物を窃取する罪である。窃取とは簡単にいえば、他人の意思に反して財物に対する他人の占有を害することである。窃盗罪を犯した者は、10年以下の懲役又は50万円以下の罰金に処せられる。

②強盗罪

上記①と同様他人の意思に反して財物に対する他人の占有を害することが罪となるのであるが、その手段として「暴行・脅迫」を使うのが強盗罪である。強盗罪を犯した者は、5年以上の有期懲役に処せられる。

上記①の窃盗罪より重い。これは手段として暴行・脅迫を加えることで生命・身体に対する侵害の面もあるからである。

③詐欺罪

詐欺罪というのは、他人の財物を詐取する罪である。詐取とは簡単にいえば、他人の意思に反しないで財物に対する他人の占有を害することである。上記①②と③との相違は「他人の意思に反するか反しないか」という点である。手段として人に対して欺く行為を用いる。

詐欺罪を犯した者は、10年以下の懲役に処せられる。

④横領罪

横領罪は自分が占有する他人の物を自分の物とする行為である。上記①②③との一番大きな違いは、自分に占有があることである。自分に占有があれば自分の物にしたいという欲求は①②③より強いと考えられることから人間の弱さを考慮して、横領罪を犯した者は、５年以下の懲役に処せられる。つまり、①③に比べても軽い刑で済まされているのである。

3 社会的法益に対する罪

⑴ 社会的法益とは何か

社会的法益とは、「法が守るべき社会が有している利益」のことである。社会秩序と言い換えることができるかもしれない。

社会は、公衆の安全、公共の信用、風俗秩序等様々な法益を有している。

これらを守ることは刑法の役割の１つである。

⑵ 放火の罪

放火については、社会的な側面もあるが、放火により財産が消滅したり、生命・身体が危険となることもある。従って、上記の個人的法益にも数えられる。

例えば、現に人が居住に使用し又は現に人がいる建造物に放火する現住建造物等放火罪においては、「死刑又は無期若しくは５年以上の懲役」に処せられる。死刑まである重い罪である。

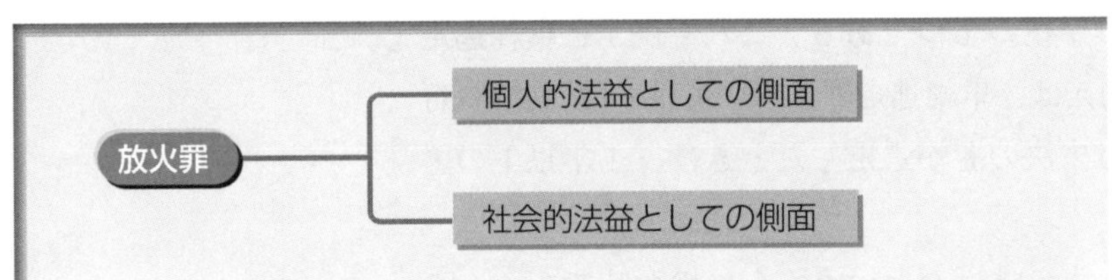

なお、現に人が住居に使用せず、かつ、現に人がいない建造物等に放火する非現住建造物等放火罪においては、人の生命・身体への危険が軽減されるから「２年以上の有期懲役に処される」ことになる。上記現住建造物等放火罪より非常に軽い刑となっている。

(3) 公共の信用に対する罪

例えば通貨制度は公共が信用しているから成り立っている。これが侵されると通貨制度に混乱を生じる。公共が信用している制度は法によって保護されているのである。例えば、通貨偽造罪においては、「行使の目的で、通用する貨幣、紙幣又は銀行券を偽造した者は、無期又は3年以上の懲役」に処せられる。

(4) 風俗に対する罪

善良な風俗が侵されると社会的混乱が生じる危険がある。これを侵すと公然わいせつ罪等により罰せられる。例えば、公然わいせつ罪においては、「公然とわいせつな行為をした者は、6月以下の懲役若しくは30万円以下の罰金又は拘留若しくは科料」に処せられる。

4 国家的法益に対する罪

(1) 国家的法益とは何か

国家として存立するために守られなければならない法益がある。例えば、公務の執行を妨害されない、逃走を防ぐ、犯人蔵匿及び証拠隠滅・偽証・虚偽告訴をさせない、賄賂がはびこらない等が健全な国家が存立していくための法益である。

これらを守ることも刑法の役割の1つである。

(2) 公務の執行を妨害する罪

公務の執行は法によって守られている。これを侵すと公務執行妨害罪等により罰せられる。例えば、「公務員が職務を執行するに当たり、これに対して暴行又は脅迫を加えた者は、3年以下の懲役若しくは禁錮又は50万円以下の罰金」に処せられる。

(3) 逃走の罪

拘禁は国家の犯罪政策の中核の1つである。これを侵すと単純逃走罪等により罰せられる。例えば、単純逃走罪においては、「裁判の執行により拘禁された既決又は未決の者が逃走したときは、1年以下の懲役」に処せられる。

なお、単純というのは、単に逃げたというぐらいの意味である。これが拘束等のための器具を損壊したような場合は、加重逃走罪となり、3月以上5年以下の懲役に処せられる。

(4) 犯人蔵匿及び証拠隠滅の罪

犯人を捕らえ、裁判を執行し真実を明らかにすることは国の責任である。これらの法益を侵すと犯人蔵匿罪等により罰せられる。例えば、犯人蔵匿罪においては、「罰金以上の刑に当たる罪を犯した者又は拘禁中に逃走した者を蔵匿した者は、３年以下の懲役又は30万円以下の罰金」に処せられる。

証拠隠滅罪 ― 他人の刑事事件の証拠を隠滅した者は犯人蔵匿罪と同じ

⑸ 偽証の罪

裁判により真実を明らかにするために、嘘の証言は排除しなければならない。法律により宣誓した証人が虚偽の陳述をしたときは偽証罪として３月以上10年以下の懲役に処せられる。

⑹ 虚偽告訴の罪

裁判の端緒として告訴は重要である。しかしそれに嘘があってはならない。「人に刑事又は懲戒の処分を受けさせる目的で、虚偽の告訴、告発その他の申告をした者は、３月以上10年以下の懲役」に処せられる。

⑺ 賄賂の罪

すべて公務員は、全体の奉仕者であって、一部の奉仕者ではない。従って、賄賂等により一部の者の利益を図っていると評価されることも犯罪である。例えば、単純収賄罪においては、「公務員が、その職務に関し、賄賂を収受し、又はその要求若しくは約束をしたときは、５年以下の懲役」に処せられる。

5 各条文の解釈

最初に述べたように、刑法各論の使命は各犯罪を考察することにある。

この本の使命は全体を俯瞰することなので、全体から部分へ学習を進めていって頂きたい。

例題でチェックしよう

《問題》○か×か

□□1　刑法においては、類推解釈も拡張解釈も禁止されている。

□□2　犯罪後の法律によって刑の変更があればその軽い方を適用することは罪刑法定主義に反する。

□□3　構成要件に該当している行為は原則として、違法性と責任を備えている。

□□4　心神喪失者の行為が構成要件に該当しても、違法性を備えていない行為なので、犯罪は成立しない。

□□5　教唆犯の刑は正犯の刑を減刑する。

□□6　懲役は、刑事施設に拘置して作業を行わせるのに対し、禁錮は刑事施設に拘置するだけである。

□□7　殺人罪においては、死刑又は無期懲役しかなく、有期懲役はない。

□□8　公共の信用に対する罪、例えば通貨偽造罪は国家的法益を侵害している。

《解答・解説》

1　×　類推解釈は禁止されているが、拡張解釈は禁止されていない。拡張解釈とは、多義的な語句を広く解釈することである。

2　×　罪刑法定主義は犯罪人のためにあるのだから軽い刑の適用は許される。

3　○　従って、違法性においてはこれがない場合（違法性阻却事由あり）、責任においてはこれがない場合（責任阻却事由あり）が問題となる。

4　×　心神喪失者の行為は構成要件該当性、違法性を備えた行為であっても、有責性がないので犯罪は成立しない。

5　×　従犯の刑は正犯の刑を減刑するが、教唆犯には正犯と同等の刑を科す。

6　○　懲役・禁錮ともに、無期と有期があり、有期の期間は原則として1月以上20年以下である。

7　×　殺人罪を犯した者は死刑又は無期若しくは5年以上の懲役に処せられる。

8　×　本肢の通貨偽造罪が公共の信用を害している点は正しい。しかし、公共の信用を害する罪は社会的法益を侵害している。

第4章

商法

商法を理解するためには、まず、民法を理解しなければなりません。商法の中心は会社法に移ってしまった感がありますが、しかし、民法との比較は非常に大事な論点の１つです。

また、長年積み重ねられてきた「商行為」という概念を理解することも重要です。

なお、商法は他の法律に比べて条文数が少ないので全部覚えることができます。

刑法の箇所でも述べましたが、条文を記憶しておくと自信もつきますので、大いに実力アップにもなることでしょう。

商法総則・商行為

Ⅰ　商法総論

商法には、「商法総則」と「商行為」に関すること等が規定されている。

Ⅱ　商法総則

商人

商人とは、「自己の名をもって商行為をすることを業とする者」である。これを固有の商人という。

それでは、「商行為」とは何かが問題となるが、これは商法に規定された行為である。商的色彩を帯びた行為といえる。これについては後述する。

2 商号

(1)　商号とは何か

商号とは、商人の営業上の名称である。

自己を表示するためには発音できなければならない。そこで、商号は、文字で表さなければならないが、ローマ字や一定の符号を用いることもできる。

(2)　商号選定自由の原則

我が国では、伝統的に商号選定の自由が認められている。例えば、越後屋がちりめん問屋か否かは屋号からは分からないという歴史をもつ。

従って、例えば、肉屋が「三木の魚屋」という商号を使用してもよい。名は体を表さなくてもよいのである。

○例外

例えば株式会社であれば必ず「株式会社」の文字を入れなければならない。
何人も、不正の目的で、他の商人であると誤認させるおそれのある名称又は商号を用いることができない。
公序良俗（民法90）に反する商号は使用できない。

⑶ **商号の使用**

商号の使用は強制的か	会社――強制的
	会社以外の商人――任意的
複数の商号を用いることができるか	会社――複数の営業を営む場合でも１個しか商号を使用することができない。
	会社以外の商人――営業が異なれば異なった商号を使用することができる。

⑷ **商号の登記**

会社以外の商人の商号の登記は任意的である。なお、本店所在地で登記することによって会社自体が成立し、商号は登記事項であるので、会社の商号は常に登記されることになる。

⑸ **商号の譲渡**

営業とともに譲渡する場合
営業を廃止する場合

商号の譲渡は、登記をしなければ、第三者に対抗することができない。

3 商業使用人

ここでは、商業使用人の代表として「支配人」について述べる。

⑴ **支配人の代理権及び権限**

①支配人は、商人に代わってその営業に関する一切の裁判上又は裁判外の権限を有する。

②支配人は、他の使用人を選任し、又は解任することができる。

③支配人の代理権に制限を加えても善意の第三者に対抗することができない。

⑵ **支配人の競業の禁止**

支配人は、商人の許可を得なければ、次の行為をすることができない。

自ら営業を行うこと
自己又は第三者のためにその商人の営業の部類に属する取引をすること
他の商人又は会社若しくは外国会社の使用人となること
会社の取締役、執行役又は業務を執行する社員となること

4 代理商

代理商とは、商人との（準）委任契約により、平常その営業の部類に属する取引の「代理」又は「媒介」をする者である。

ここでは商業使用人との相違が出題される。

商業使用人（支配人）	①自然人でなければならない。 ②営業主に従属している。 ③代理権の制限は可能である。 ④競業避止義務あり。
代　理　商	①自然人又は法人である。 ②営業主から独立している。 ③④は同上

Ⅲ　商行為

1 商行為の種類

絶対的商行為	誰でも（商人でなくても）１回でも行えば商行為となる。
営業的商行為	営業として一定の行為を行えば商行為となる。
付属的商行為	商人が営業のためにする行為は商行為となる。商人の行為は、その営業のためにするものと推定される。

2 営業的商行為

商法が規定する営業的商行為は次の通りである。

①賃貸する意思をもってする動産若しくは不動産の有償取得若しくは賃借又はその取得し若しくは賃借したものの賃貸を目的とする行為
②他人のためにする製造又は加工に関する行為
③電気又はガスの供給に関する行為
④運送に関する行為
⑤作業又は労務の請負
⑥出版、印刷又は撮影に関する行為
⑦客の来集を目的とする場屋（じょうおく）における取引（※）
⑧両替その他の銀行取引
⑨保険
⑩寄託の引受け
⑪仲立ち又は取次ぎに関する行為
⑫商行為の代理の引受け
⑬信託の引受け

CHECK POINT!

※例えば、レストラン（飲食店）、ホテル（旅館）等である。

3 民法の特則

商法は民法に対して特別法の関係に立つので、民法の原則に対して次のような特則がある（例えば、民法では本人の死亡は代理人の代理権の消滅事由であるが、下記に記載するように、商行為の委任による代理権は本人の死亡によっては消滅しない。

商行為の代理人が非顕名でも、原則として本人に対してその効力を生ずる。
商行為の受任者は、委任の本旨に反しない範囲内において、委任を受けていない行為をすることができる。
商行為の委任による代理権は、本人の死亡によっては、消滅しない。
商人がその営業の範囲内において他人のために行為をしたときは、相当な報酬を請求することができる。
民法と同様法定利率は年3％からはじまる。その後、法務省令で定めるところにより、3年を1期とし、1期ごとに変動する。
民法と同様債権者が定期金の債権から生ずる金銭その他の物の給付を目的とする各債権を行使することができることを知った時から10年間行使しないとき消滅時効にかかる。

商法

例題でチェックしよう

《問題》○か×か

□□1　商号とは、商人を表す名称であり、必ず使用しなければならない。

□□2　商号の譲渡はその旨の登記をしなければ、第三者に対抗することはできない。

□□3　支配人は、商人に代わってその営業に関する一切の裁判外の行為をすることはできるが、裁判上の行為をすることはできない。

□□4　支配人は自ら営業を行うことはできない。

□□5　商業使用人も代理商も自然人でなければならない。

□□6　商行為を行うことができるのは、商人だけである。

□□7　商人が営業のためにする行為は商行為となる。商人の行為は、その営業のためにするものと推定される。

□□8　賃貸する意思をもってする不動産の有償取得は営業として行えば商行為であるが、賃貸する意思をもってする動産の有償取得は営業として行っても商行為ではない。

□□9　商行為の代理人が非顕名でも、原則として本人に対してその効力を生ずる。

《解答・解説》

1　×　商号が商人を表す名称である点は正しい。後半であるが、会社については使用が強制的であるが、会社以外の商人については任意的である。

2　○　本肢の登記は対抗要件たる登記である。

3　×　支配人は、商人に代わってその営業に関する一切の裁判上又は裁判外の権限を有する。

4　×　支配人は商人の許可があれば、自ら営業を行うことができる。

5　×　商業使用人は自然人でなければならないが、代理商は自然人でも法人でもなることができる。

6　×　絶対的商行為は、商人以外の者でもすることができる。

7　○　本肢の行為を付属的商行為という。

8　×　賃貸する意思をもってする動産又は不動産の有償取得は営業として行えば商行為である。

9　○　民法と異なる点である。

第5章

会社法

会社法は民法と同様膨大な体系です。学習の途中でくじけそうになることもあると思います。

ただ、基本をしっかり身に付けてそれに知識と理解を少しずつプラスしていって下さい。案外気が付いたら最後まで学習が進んでいたということがあるかも知れません。

論点によっては、今述べたことも夢ではなく、芋づる式の理解が可能だと思われます。

世の中には会社が溢れています。この分野での司法書士の業務も多くなりそうです。チャンスを逃さないように、試験勉強時に会社法を頭に入れておいて下さい。

設立と株式

Ⅰ　会社法総論

1 会社法とは何か

会社とは、商いをする目的で設立された社団法人である。その社団法人である会社を規律するのが会社法である。

2 会社の種類

次の４つの種類が定められている。

株式会社	株式会社
持分会社	合名会社
	合資会社
	合同会社

Ⅱ　株式会社

1 株式会社とは何か

(1)　株式会社とは、皆で金を出し合って、１人ではできない大きな商いをしようというものである。

皆が出し合った分は「株式」という形で持つことになる。この株式の所有者を「株主」という。

(2)　金を出し合ってできた株式会社が活動し、責任を負う。皆は出した金の分だけ責任を負い、それ以上の責任を負わない（間接有限責任）。

例えば、ＡＢＣがそれぞれ1000万円ずつ出し合ってＸ株式会社を作り、Ｙと取引をし、Ｙに１億円の損害を与えたとしよう。Ｙへの賠償責任はX株式会社が負い、原則として足らない分をA、B及びCが負担する必要はない。

2 設立

(1) 株式会社の設立とは何か

設立とは、会社を作っていくことである。会社は法人であるから、法人を作り出す技術である。

(2) 2つの方法

株式会社の設立の方法には発起設立と募集設立がある。

①発起設立

i 発起設立とは、発起人だけで作る設立の方法である。発起人とは簡単にいえば、株式会社の成立前に「株式会社を作ろう」という人だと思えばよい。

ii ルール

株式会社のルールである定款を作成する。定款には公証人の認証が必要である。

定款にはその記載事項に次の3つの区別がある。

絶対的記載事項	必ず記載しなければならない事項。記載がなければ定款は無効になる。
相対的記載事項	定款に記載がなければ、効力が認められない事項。 例　変態設立事項、公告の方法等。
任意的記載事項	定款に定めなくても効力があるが、それを変更するには定款変更の手続が必要となる事項。

iii 人

ここでは、株式会社の構成員になる者（まだ株式会社ではないから）を指す。発起設立においては、発起人だけが最初の株式を引き受ける。従って、発起人が最初の株式会社の構成員である。

iv 金

発起人から引き受けた株式の全額払込みがなされる。これが、株式会社（団体）の金となる。

②募集設立

i 上記①の発起設立と異なり、発起人の他に株式を引き受ける者を募集して行う設立の方法である。

ⅱルール及び人

ルールである定款については、上記①と同様である。

人であるが、発起人は募集設立の場合も1株以上引き受けなければならず、その他を募集する。募集に応じて株式を割り当てる。

これらの者が最初の株式会社の構成員である。

ⅲ金

上記ⅱで引き受けられた株式について全額払込みがなされる。これが、株式会社（団体）の金となる。

ⅳ創立総会

募集設立においては、発起設立と異なり、発起人以外の者が株式会社の構成員となろうとする制度であるから、株式会社が成立する前に、最初の株主総会に該当する「創立総会」を開く必要がある。

⑶ 株式会社の成立

株式会社はその本店所在地で登記をすれば、成立する。

3 株式

⑴ 株式とは何か

株式とは、株式会社の構成員（社員－株主）である地位を意味する。

株式会社はすべての社員たる地位を株式という割合的単位に細分化している。つまり、1株を所有すれば、その人は株主となる。

⑵ 株主

①株式の所有者つまり株式会社のオーナーを株主という。

株主の権利は、次の2つに分けられる。

自益権	経済的利益を受ける権利。 例　剰余金配当請求権、残余財産分配請求権
共益権	会社の運営等に参加する権利。例　株主総会の議決権

②株主名簿

株主名簿は、現在の株主が誰かを形式的に示す制度である。これは画一的処理が必要だからである。

⑶ 株券

株式を表す有価証券である。株券は発行されないことが原則であるが、発行した場合、株式の譲渡はその株券を交付しなければ効力は生じない。

2 機　関

1 機関総論

(1) 機関とは何か

株式会社は法人であるから、その意思を決定するもの及びそれを実行するもの、及びそれを監査するものが必要となる。それが、機関である。

(2) 機関の主な種類

①意思決定機関

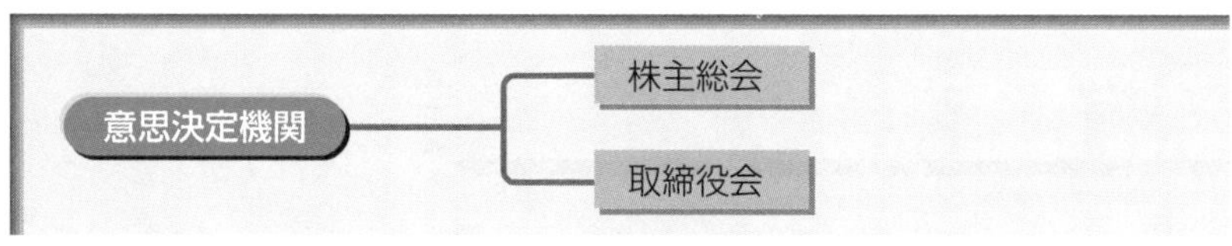

②執行機関

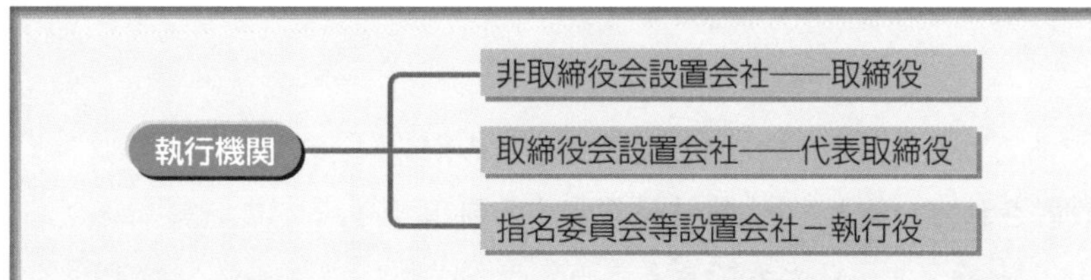

③監査機関

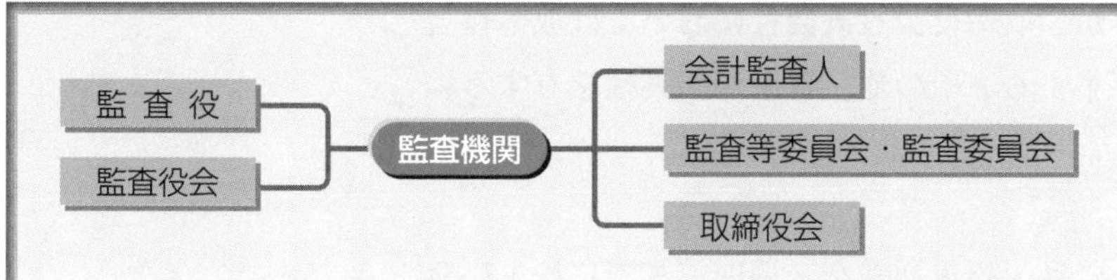

(3) 公開会社・非公開会社

公 開 会 社	株式を公開している会社（株式譲渡は自由）
非公開会社	株式を公開していない会社（株式譲渡に制限）

(4) 大会社・非大会社

大会社 （右の①②のいずれかに該当する会社）	①資本金が5億円以上 ②負債（借金）が200億円以上（※） ※負債が大きいということは会社の規模も大きい。
非大会社	上記以外の会社

以上(3)(4)より会社の種類は次のようになる。

(5) 公開会社・非公開会社、大会社・非大会社と機関

前提として覚えておかなければならないのは、「株主総会」と「取締役」だけはどの会社においても設置しなければならない必要最低限の機関であることだ。

前述の機関を設置するか否かは自由だが、一定の制約がある。

2 株主総会

(1) 株主総会とは何か

株主総会とは、会社のオーナーである株主を構成員とする合議制の意思決定機関である。

(2) 権限

会社のオーナーの集まりであるから、一切について決議できるのが原則であるが、取締役会が設置されていると、「会社法に規定する事項及び定款で定めた事項に限り」決議をすることができる。

(3) 招集権

取締役が招集権者であるが、取締役会設置会社においては取締役会が招集を決定し取締役が招集する。その他、株主が招集権を有する場合がある。

(4) 招集手続

株主総会を招集するためには、招集通知を2週間前までに株主に発しなければならない（到達ではなく発信という点に注意）。

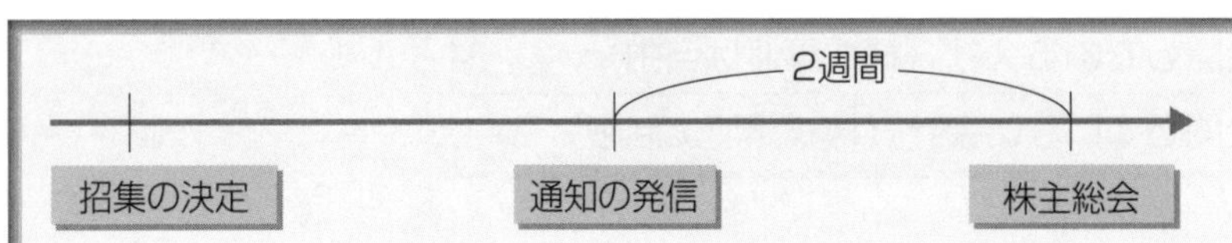

なお、非公開会社では、書面投票又は電子投票を認めた場合を除いて１週間前までに株主に発しなければならない。

⑸ 議決権

原則として、１株について１議決権である。

なお、議決権は代理人による行使が認められている。ただし、代理人を株主に限定することができる。

⑹ 主な決議の決議要件

普通決議	議決権の過半数を有する株主が出席し（定足数）、出席した株主の議決権の過半数により決議する。
特別決議	議決権の過半数を有する株主が出席し（定足数）、出席した株主の議決権の３分の２以上により決議する。

⑺ 決議の瑕疵（かし）

瑕疵とは欠陥のことである。株主総会の決議については、瑕疵の程度に応じて、決議取消しの訴え、決議無効確認の訴え及び決議不存在確認の訴えが認められている。

3 取締役

⑴ 取締役とは何か

取締役とは、決定された株式会社の意思を実行に移す機関である。

⑵ 権限

後述の取締役会が設置されていないと、取締役は執行機関であり、代表機関でもある。なお、取締役会が設置されていると、取締役会の構成員となる。

⑶ 人数

取締役の数は、１人でもよいが、取締役会設置会社においては３人以上必要である。

⑷ 選任・解任

選任・解任は株主総会の普通決議で行う。

⑸ 任期

取締役の任期は、原則として選任後２年以内に終了する事業年度のうち、最終のものに関する定時株主総会の終了時までである。

⑹ 義務

取締役の義務には、様々あるが、ここでは競業避止義務と利益相反取引について述べる。

競業避止義務	自己又は第三者のために、会社の事業の部類に属する取引を行うには、「株主総会」（取締役会設置会社では取締役会）の事前承認を得なければならない。
利益相反取引	自己の名で又は第三者の代理人として会社と取引をする場合、当該取引につき重要な事実を開示して「株主総会」（取締役会設置会社では取締役会）の事前承認を得なければならない。

(7) 代表取締役

取締役会設置会社でない会社は原則として、取締役は全員代表取締役であり、取締役会設置会社は取締役会で選定した者が代表取締役となる。

4 取締役会

(1) 取締役会とは何か

取締役会は、取締役全員を構成員とする合議制の機関である。

(2) 権限

業務の決定機関である。主な権限は次の通りである。

重要な財産の処分（譲受）
多額の借財
重要な使用人の選任・解任
支店その他の重要な組織の設置・変更及び廃止

(3) 招集

招集権者（個々の取締役）が取締役会の１週間前までに、招集通知を発しなければならない（株主総会と同様到達ではなく発信という点に注意）。

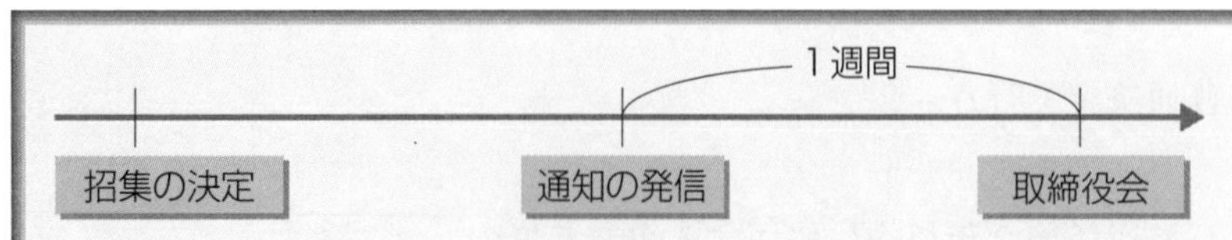

(4) 決議

議決に加わることができる取締役の過半数が出席し（定足数）、その過半数により決議する。

(5) 決議の瑕疵

取締役会決議に瑕疵があれば、原則に戻り、その取締役会決議は無効である。

5 監査役

(1) 監査役とは何か

監査役は、取締役及び会計参与（後述）の職務執行を監査する機関である。

(2) 権限

職務全般の監査（会計監査も含む）を行い、監査報告を作成する。また、取締役の一定の行為に対して当該行為の差止めを請求することができる。

(3) 人数

監査役の数は、１人でもよいが、監査役会設置会社においては３人以上でそのうち半数以上は社外監査役であることが必要である。

(4) 選任・解任

選任は株主総会の普通決議で行い、解任は株主総会の特別決議で行う。

(5) 任期

監査役の任期は、原則として就任後４年以内に終了する事業年度のうち最終のものに関する定時株主総会の終了時までである。

(6) 義務

主な義務は次の通りである。

取締役(会)への報告義務	一定の事項について取締役会（なければ取締役)へ遅滞なく報告する義務を負う。
取締役会への出席義務	必要と認めるときは意見を述べる義務もある。

6 監査役会

(1) 監査役会とは何か

監査役会は、監査役全員を構成員とする監査機関である。

(2) 権限

次の職務を行う。

監査報告の作成
常勤の監査役の選定及び解職
監査役の職務の執行に関する事項の決定※

※監査役の権限の行使を妨げることはできない。

⑶ 運営

招集権	個々の監査役にある。
決　議	監査役の過半数をもって行う。

7 会計参与

⑴ 会計参与とは何か

取締役と共同で計算書類等を作成する機関である。

⑵ 権限

有効な計算書類等は会計参与と取締役の意見が一致しなければ作成できない。

計算書類等を作成するため、いつでも会計帳簿等を閲覧・謄写でき、取締役等に対して会計に関する報告を求めることができる。

⑶ 人数

特に制限はない。

⑷ 選任・解任

選任・解任は株主総会の普通決議で行う。

なお、会計参与は、公認会計士若しくは監査法人又は税理士若しくは税理士法人であることが必要である。

⑸ 任期

会計参与の任期は、原則として選任後２年以内に終了する事業年度のうち、最終のものに関する定時株主総会の終了時までである。これは取締役と同じである。

8 会計監査人

⑴ 会計監査人とは何か

会計監査人は、計算書類等の監査を行う機関である。

⑵ 権限

会計監査人は、計算書類等を監査し、その監査について会計監査報告書を作成する。

計算書類等を監査するため、いつでも会計帳簿等を閲覧・謄写でき取締役等に対して会計に関する報告を求めることができる。

(3) 人数

特に制限はない。

(4) 選任・解任

選任・解任は株主総会の普通決議でする。なお、会計監査人は、公認会計士又は監査法人であることが必要である。

(5) 任期

会計監査人の任期は、原則として選任後１年以内に終了する事業年度のうち、最終のものに関する定時株主総会の終了時までである。

9 指名委員会等設置会社・監査等委員会設置会社

(1) 指名委員会等設置会社・監査等委員会設置会社を創設した理由

日本の監査役制度には難がある。例えば、取締役会での議決権がないのもその一つである。そこで、これらを創設して監査機能を高め、世界からの信用を得ようとした。

(2) 指名委員会等設置会社における３つの委員会

指名委員会	株主総会に提出する取締役の選任及び解任に関する議案の内容を決定する。
監査委員会	ⅰ執行役等の職務執行の監査及び監査報告の作成を行う。 ⅱ株主総会に提出する会計監査人の選任及び解任並びに会計監査人を再任しないことに関する議案の内容を決定する。
報酬委員会	執行役等の個人別の報酬等を決定する。

(3) 監査等委員会設置会社の特長

監査等委員会設置会社では、監査等委員会は、取締役会の一組織であり、取締役である監査等委員から構成される監査等委員会が監査を行うところに特長がある。従って、監査等委員には取締役会における議決権もある。

また、監査等委員会設置会社においては、指名委員会及び報酬委員会を設置する必要がない。

資金調達・その他

1 資金調達

(1) 2つの方法

内部資金	会社は営業を継続するものであるから、その収益を内部資金とすることができる。
外部資金	①外部（例えば銀行）からの借入 ②新株の発行 ③社債の発行

(2) 新株の発行

①新株の発行とは何か

新株の発行とは、会社が成立した後に株式を発行することである。

②新株の発行の主な目的

新株の発行をするにも種々の目的があるが、ここでは、資金の調達を考えてみよう。

例えば、X会社が5万円の新株を1000株新たに発行したとする。

それに見合う引受け及び払込みがあれば、X会社には新たに5000万円の資金が調達されたことになる。

5万円×1000株＝5000万円

③新株の発行の方法

株主割当て	既存の株主を対象として新株を発行すること
第三者割当て	特別の縁故ある者を対象として新株を発行すること
公　　募	不特定多数の者を対象として新株を発行すること

(3) 社債の発行

①社債とは何か

社債とは簡単にいえば、社債発行会社に対する債権である。社債においては、銀行等特定の者から借入をするのではなく、不特定多数の者から大量かつ長期に金銭を借り入れることができる。

②新株の発行との主な違い

新株を発行すると金銭を払い込んだ者は株主となり、その金銭は株式会社の自己資本となる。つまり、返済する必要はない。

それに対して、社債はあくまで債権であるから、金銭で社債を買った者にそれに見合う金銭を返還しなければならない。

2 企業会計

(1) 計算書類

①計算書類とは何か

会社は経済的な活動を行っているが、会社の経済的な状況を示すものが計算書類である。

それによって、会社の経営状態を明確にすることができる。

②計算書類の種類

計算書類の中でここでは、貸借対照表と損益計算書について述べる。

ⅰ貸借対照表

決算期の会社の財産状況を資産及び負債・資本に区分して表すものである。

ⅱ損益計算書

当該営業年度の利益と損失が何故発生したかの原因を示し、当該年度の営業成績を表すものである。

③株主総会での承認

計算書類が株主総会で承認を受け公告するまでの主な流れは次の通りである。

(2) 資本金と準備金

①資本金とは何か

資本金は、原則として設立又は株式の発行に際して株主となる者が当該株式会社に対して払込み又は給付した財産の額である。

ただし、その額に見合う金銭が実際に会社内に留保されているわけではない。例えば、払い込まれた金銭で土地や工場を購入した場合を考えよ。

②準備金とは何か

準備金とは、会社内に積み立てておくべきものをいう。

準備金には、資本準備金と利益準備金がある。

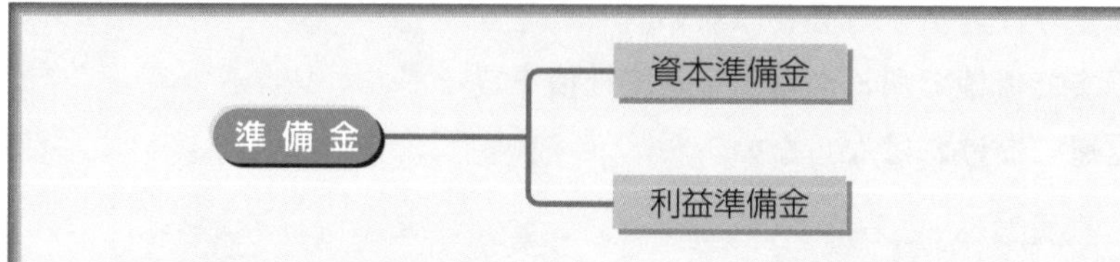

払込み又は給付された額の2分の1を超えない額は資本金として計上しないことができるが、計上されなかった額は資本準備金として計上しなければならない。

剰余金の配当により減少する剰余金の額に10分の1を乗じて得た額を資本準備金又は利益準備金として計上しなければならない。

CHECK POINT!

例えば、500万円を配当しようとした場合、10分の1の50万円を資本準備金又は利益準備金として計上しなければならないということである。

③剰余金の配当

貸借対照表の資産から負債の額を差し引いたものを純資産という。剰余金とは、原則としてこの純資産から上記の資本金と準備金を差し引いたものだと考えておいて頂きたい。

この剰余金を株主に配当するのであるが、純資産額が300万円未満の場合には配当はできない。

資　産	負　債	
	資本金	純資産
	準備金	
	剰余金	

3 組織の再編

(1) 組織の再編とは何か

一旦組織された会社を他のものにすることを大きく組織の再編という。

皆さんがよく耳にする合併もその1つである。

ここでは、組織変更と合併を取り扱うことにする。

(2) 組織変更

①組織変更とは何か

持分会社については、後述するが、一旦設立した株式会社を持分会社に変更したり、持分会社を株式会社に変更することが、組織変更である。

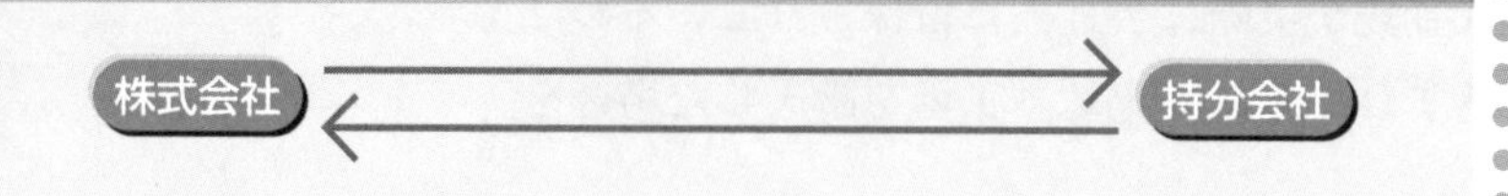

②組織変更の手続

組織変更手続で最も大切な点は、次の２つである。

組織変更計画について総株主又は総社員の同意を得る。
会社債権者の保護を行う。

③組織変更の効力の発生

組織変更の効力は組織変更計画で定めた効力発生日に発生する。

(3) 合併

①合併とは何か

複数の会社が契約によって１つの会社になることを合併という。

②合併の種類

合併には次の２つの種類がある。

吸収合併	複数の会社のうち、1つの会社が存続し、他の会社が消滅する形態である。
新設合併	複数の会社のすべてが消滅し、新たに1つの会社を設立する形態である。

③合併の手続

合併の手続で最も大切な点は、次の２つである。

合併契約の承認（株主総会の特別決議）を各会社で得る。
会社債権者の保護を行う。

④合併の効力の発生

ⅰ合併の効力は、吸収合併では、合併契約で定めた効力発生日に発生する。

ⅱ新設合併では、新会社設立の日（すなわち、本店所在地において設立登記をした日）に効力が発生する。

4 持分会社

Ⅰ 持分会社総論

1 持分会社とは何か

社員（構成員）が会社に対して持分を有する会社である。

2 持分会社の種類

会社法は、以下の3つの持分会社を用意した。

持分会社	社員の構成形態
合名会社	直接無限責任社員のみで構成されている。
合資会社	直接無限責任社員と直接有限責任社員で構成されている。
合同会社	間接有限責任社員のみで構成されている。

3 持分会社の管理

(1) 業務執行権

社員は、定款に特別の定めがない限り、持分会社の業務執行権を有する。
社員が2人以上ある場合には、業務執行の意思決定は過半数で決する。
持分会社の常務は、各社員が単独で行う（ただし他の社員の異議制度）。

(2) 業務執行社員の義務

①善管注意義務

業務を執行する社員は、善良な管理者の注意をもって、その職務を行う義務を負う。

②忠実義務

業務を執行する社員は、法令及び定款を遵守し、持分会社のため忠実にその職務を行わなければならない。

③競業避止義務

業務を執行する社員は、他の社員全員の承認がなければ以下の行為ができない（ただし定款で定めればすることができる）。

自己又は第三者のために持分会社の事業の部類に属する取引をすること
持分会社の事業と同種の事業を目的とする会社の取締役、執行役又は業務を執行する社員となること

④利益相反取引の制限

業務を執行する社員は、他の社員の過半数の承認がなければ以下の行為ができない（ただし定款で定めればすることができる）。

自己又は第三者のために持分会社と取引をしようとするとき
持分会社が業務を執行する社員の債務を保証すること、その他社員でない者との間において持分会社と当該社員との利益が相反する取引をしようとするとき

⑶　業務執行権がない社員

定款で業務執行権がないとされた社員も持分会社の業務及び財産の状況を調査することができる。

⑷　代表権

業務執行権を有する社員は原則として代表権も有している。

この権限に加えた制限は善意の第三者に対抗することができない。

Ⅱ　合名会社

1 合名会社は、直接無限責任社員のみで構成されている

例えば、ＡＢＣの3人の社員（構成員）がＸ合名会社を作ったとしよう。Ｘ合名会社はＹと1億円の取引を行ったが、Ｘ合名会社には3000万円しかない。この場合、Ｙはまず、Ｘ合名会社の3000万円から弁済を受けるが、その後、社員であるＡＢＣに対しても責任を無限に追及することができる。

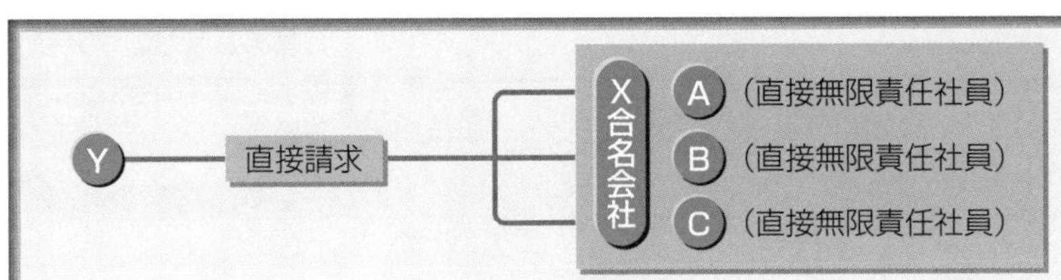

2 設立

合名会社のルールである定款を作成しそれに署名（又は記名押印）し、本店所在地で登記をすれば合名会社は成立する。

なお、社員は1人でもよく、法人でもよい。

3 利益配当

合名会社は、自由に利益の配当をすることができる。これは無限責任社員が存するため、会社債権者を保護する必要がないからである。

Ⅲ　合資会社

1 合資会社は、直接無限責任社員と直接有限責任社員とで構成されている

直接無限責任社員については、合名会社と同様である。

直接有限責任社員は、出資の限度で責任を負うが、株主と異なり債権者に直接責任を負っている。

例えば、ＤＥＦの3人の社員（構成員）がＸ合資会社を作ったとしよう。ＤＥは直接無限責任社員であるが、Ｆは1000万円を出資する直接有限責任社員である。Ｘ合資会社はＹと1億円の取引を行ったが、Ｘ合資会社には3000万円しかない。この場合、Ｙはまず、Ｘ合資会社の3000万円から弁済を受けるが、その後、社員であるＤＥに対しても責任を無限に追及することができる。

しかし、Ｆは自分の出資額1000万円をＸ合資会社に出資していれば、Ｙに対して責任を負わないが、出資していなければ、Ｙに対して直接1000万円の責任を負う。

CHECK POINT!
ただし、Ｆに対しては直接請求できない場合がある（左の本文参照―すでに出資している場合）。

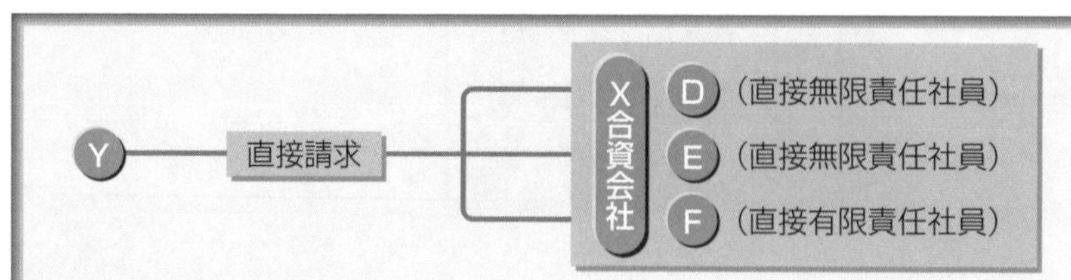

2 設立

上記合名会社と同様であるが、社員は無限責任社員１人以上と有限責任社員１人以上が必要。

３ 利益配当

上記合名会社と同様自由に利益の配当をすることができる。

Ⅳ　合同会社

１ 合同会社は間接有限責任社員で構成されている

会社債権者を保護するために、成立の前に全額出資義務を履行する必要がある。

例えば、ＧＨＩの3人の社員（構成員）がＸ合同会社を作ったとしよう。Ｘ合同会社はＹと1億円の取引を行ったが、Ｘ合同会社には3000万円しかない。この場合、Ｙはまず、Ｘ合同会社の3000万円から弁済を受けるだけで、社員であるＧＨＩに対しては責任を追及することができない。

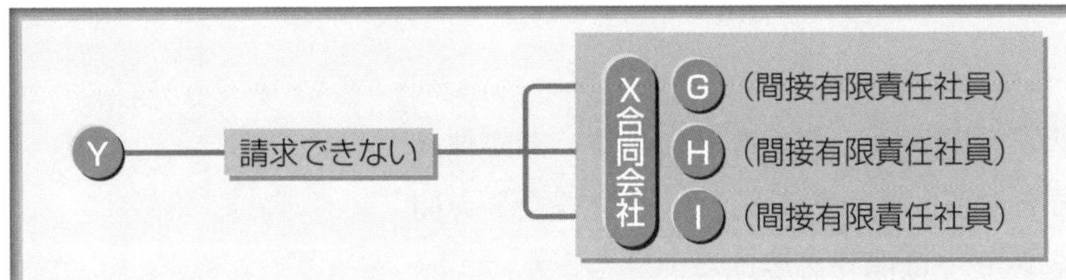

なお、株式会社との相違は機関を置かずに社員自らが業務執行をし、自由な制度設計が可能であるという点である。

２ 設立

定款を作成し、社員が全額出資義務を履行し、本店所在地で登記をすれば成立する。

３ 利益配当

第三者保護のため、利益配当は利益額の範囲に限る。

例題でチェックしよう

《問題》○か×か

□□1　募集設立においては、創立総会を開催することが必要であるが、このことは発起設立でも変わらない。

□□2　株券は株式を表す有価証券であり、これを発行することが原則である。

□□3　大会社とは、資本金が5億円以上かつ負債（借金）が200億円以上の会社をいう。

□□4　株主総会を招集するためには、招集通知を2週間前までに株主に発しなければならない。

□□5　取締役の任期は、原則として選任後3年以内に終了する事業年度のうち、最終のものに関する定時株主総会の終了時までである。

□□6　取締役会は、議決に加わることができる取締役の過半数が出席し、その過半数により決議する。

□□7　監査役の数は、1人でもよいが、監査役会設置会社においては3人以上でそのうち半数以上は社外監査役であることが必要である。

□□8　合併をするには、合併契約を締結する必要がある。

《解答・解説》

1　×　募集設立においては、発起設立と異なり、知らない者が株式会社の構成員となろうとする制度であるから、「創立総会」を開く必要があるが、発起設立では開く必要はない。

2　×　株券は株式を表す有価証券であるとする点は正しい。しかし、株券は発行されないことが原則である。

3　×　「かつ」ではなく「又は」である。負債が大きいということは会社の規模も大きいと考えられるからである。

4　○　株主総会では「決議取消しの訴え」が用意されているので、到達主義ではなく発信主義を採用している。

5　×　「3年」ではなく、「2年」である。

6　○　議決に加わることができる取締役とは議決について特別利害関係がない者である。

7　○　監査役会設置会社である点に注意。

8　○　吸収合併も契約である点に注意。

第6章

民事訴訟法

民法や商法・会社法は、このような権利があり、義務がありますと規定してあります。これらを実体法といいます。しかし、規定しているだけでそれを実行に移さなければ絵に描いた餅同様となるでしょう。

その権利等を実現していく過程の第一歩が民事訴訟法です。この法律は後述の不動産登記法・商業登記法と共に手続法と呼ばれています。つまり、権利等を実現する手続を定めているのです。

従って、実体法と異なる知識が必要となる場合が多くなります。民事訴訟法を学習する場合は常にその底にある実体法を考えながら行うと上達が早いと思われます。

総　論

I　民事訴訟法総論

1 民事訴訟法とは何か

(1)　３つの訴訟形態

例えば、Ｙが自動車事故を起こし、Ｘが怪我をしたとする。

①行政訴訟

国は、Ｙに免許停止処分をしたがＹに不服があり、Ｙは処分の取消しを裁判所に訴えた。この国とＹの訴訟を行政訴訟という。

②刑事訴訟

国は、Ｙを刑法上の危険運転致傷罪で訴えた。この国とＹの訴訟を刑事訴訟という。

③民事訴訟

Ｘは怪我により損害を被ったとしてＹに損害賠償請求訴訟を起こした。このＸとＹの訴訟を民事訴訟という。これを規定するのが、民事訴訟法である。

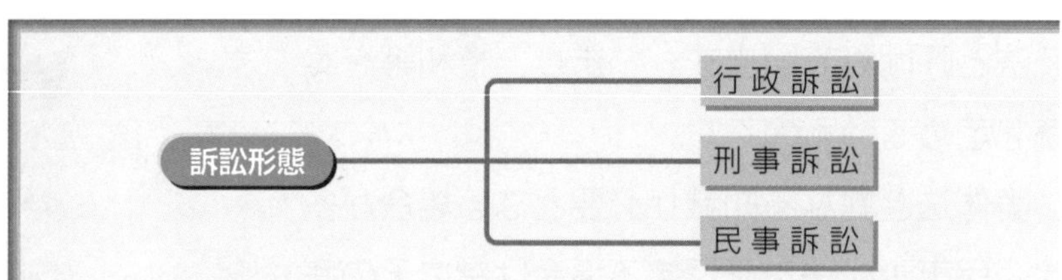

つまり、民事訴訟とは、原則として私人間の紛争を国の力で解決しようとするものである。

(2)　手続法の意味

民事訴訟法は手続法である。それに対して民法は実体法である。民法には、不法行為（自動車事故はこれに該当する）があると、被害者は加害者に対して損害賠償請求ができる旨の規定がある。このような法律を実体法という。

しかし、権利があっても当該権利を実現していく方法が必要である。それが、手続法なのである。

例えば、ＡＢ間に不動産の売買契約があれば、実体としては不動産の所有権はＢに移転するが、その移転したことを表す方法が必要である。それを規定しているのが、皆さんが学習する不動産登記法である。この不動産登記法は実体を反映させるための法律であるから、手続法である。

それと同様、民事訴訟法は、民法等により認められた権利を実現するための法律である。

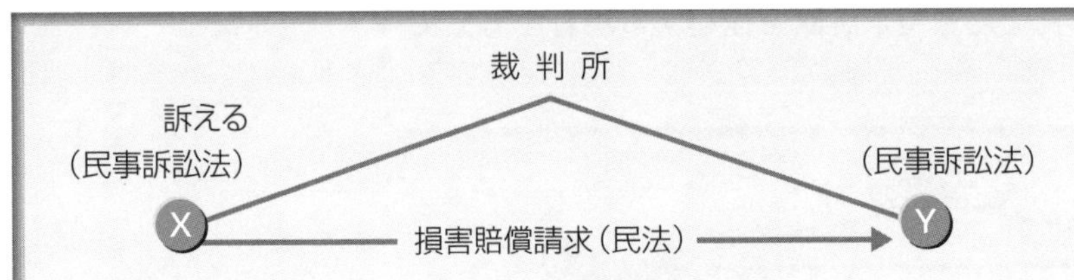

2 民事訴訟法は何のためにあるのか

例えば、上記事例でＸがＹに直接掛け合いに行って、力づくで損害賠償金を貰ったとする。これを自力救済（じりききゅうさい）という。

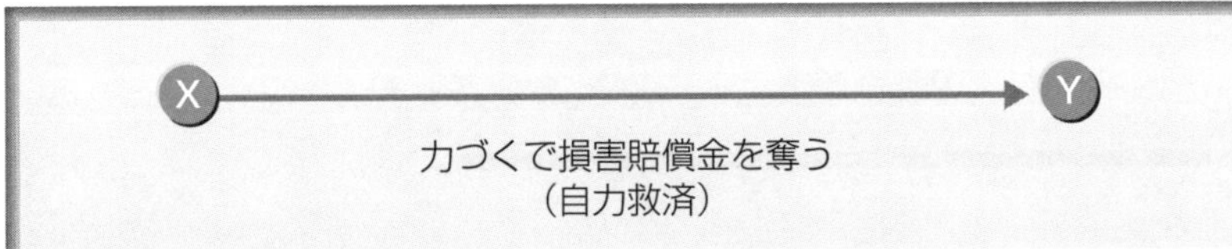

Ｙは自分には何の落度もないのに、Ｘに脅され暴行を受け損害賠償金を取られたと思い、仕返しを考えるかもしれない。そうなると、世の中の関係は結局力の関係となり弱肉強食になりかねない。

そこで、国は民事訴訟という制度を置き、自力救済を禁じているのである。

2 各論

Ⅱ　民事訴訟の主体

1 民事訴訟の主体とは何か

例えば、XがYに500万円を貸しているが期日になってもYは弁済しない。そこで、XがYに貸金返還請求訴訟を提起する場合を考えてみよう。

この例では、X、Y及び裁判所がXの主張を巡ってそれぞれの立場で訴訟に関わってくる。これを民事訴訟の主体という。

なお、訴える者（X）を原告、訴えられる者（Y）を被告といい、原告と被告を合わせて当事者という。

2 裁判所

(1)　裁判所の種類

憲法に定めがある最高裁判所をはじめ、高等裁判所、地方裁判所、簡易裁判所及び家庭裁判所がある。

(2)　管轄

管轄とは、「守備範囲」のことだと思って頂きたい。例えば、上記の例でXのYに対する請求をどの裁判所が訴えを審理してくれるかという問題である。

管轄は種々の観点から分類される。ここでは職分管轄・事物（じぶつ）管轄・土地管轄について述べておく。

①職分管轄

どの裁判所にどのような作用を受け持たせるかという区別である。

例えば、本項で問題となっている民事訴訟の手続を行う裁判所、後に述べる民事執行を行う裁判所及び民事保全を行う裁判所の分類が重要である。

また、第一審は原則として地方裁判所と簡易裁判所が受け持つというのも、職分管轄である。

②事物管轄

上記で述べたように、第一審は地方裁判所と簡易裁判所の管轄であるが、どちらの裁判所が訴えを扱うのかに関して、訴訟の目的の価額（訴額）が使われている。

簡易裁判所	訴額が140万円以下の請求
地方裁判所	上記以外

この基準に従う裁判所間の分担を事物管轄という。

③土地管轄

上記の事物管轄に従えば、XのYに対する500万円の返還請求訴訟は地方裁判所の管轄となるが、どの地方裁判所が訴えを扱うかという問題が土地管轄である。

ⅰ普通裁判籍

民事訴訟法は原則としてこの土地管轄について、原則として被告の住所地を管轄する裁判所とした。これを普通裁判籍という。

これは、訴えられる側からすると、出頭しやすい住所地を管轄する裁判所が良いと考えたからである。

ⅱ特別裁判籍

ある事件については、特別な箇所が問題となることがある。例えば、交通事故（不法行為）を考えてみると、当該交通事故が起こった土地に証拠が多い。従って、不法行為は不法行為地にも管轄があると定めた。これを特別裁判籍という。この特別裁判籍は普通裁判籍と競合する。どちらにするかは、原則として原告の意思による。

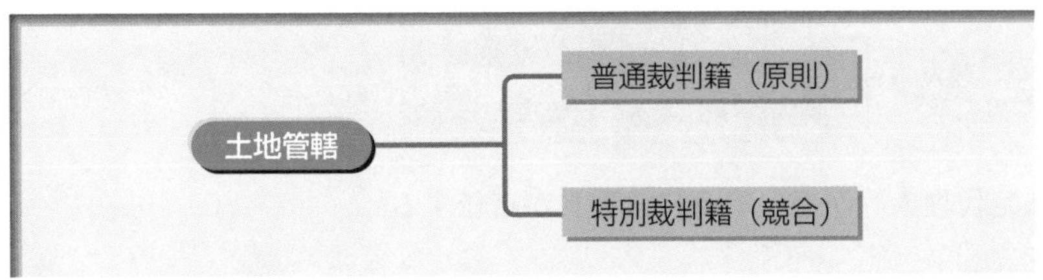

これらの基準に従うと、XY間の訴訟の管轄は原則としてYの住所

地を管轄する地方裁判所に存することになる。

3 当事者

(1) 当事者とは何か

当事者とは、裁判所に対し、自己の名で裁判権の行使を求める者（原告）と、その相手方（被告）をいう。

(2) 当事者能力と訴訟能力

①当事者能力

当事者能力とは、民事訴訟の当事者となれる能力である。次の者に当事者能力が認められる。

私法上の権利能力者（自然人、法人）
法人でない社団又は財団で代表者又は管理人の定めがあるもの

②訴訟能力

訴訟能力とは、自ら単独で有効に訴訟行為をし、又は訴訟行為を受けうる能力をいう。

原則として私法上の行為能力があれば訴訟法上の訴訟能力が認められる。

注意：訴訟能力がない者がした行為は無効である。取り消しうる行為とはならない点注意が必要である。なお、訴訟能力がない者がした訴訟行為には裁判所の補正命令が認められる。

(3) 訴訟上の代理人

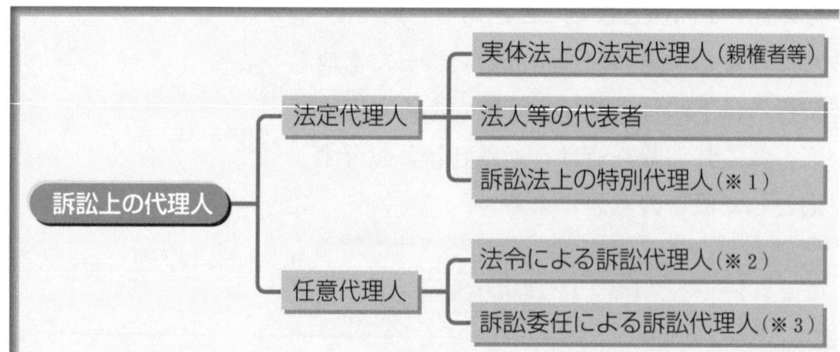

※1－被告とされる者に法定代理人等がない場合に裁判長が選任する訴訟代理人等である。

※2－法令によって代理人と規定されている者等をいう。例えば会社

（商人）の支配人がそれである。

※３－地方裁判所以上は弁護士であるが、簡易裁判所では司法書士も訴訟代理人となることができる。

⑷　訴訟当事者が複数の場合

１人の原告が１人の被告を訴えるのが民事訴訟の基本的な形態であるが、当然原告（被告）が複数の場合もある。

この場合、共同訴訟等特殊な考慮が必要であるが、「入門の入門編」ではこのような訴訟形態もあるということにとどめる。

Ⅲ　民事訴訟の客体

1 民事訴訟の客体とは何か

上記Ⅱに述べた、ＸがＹに500万円を貸しているが、期日になってもＹが弁済しないので、ＸがＹに貸金返還請求訴訟を提起する場合を考えてみよう。

この例では、ＸのＹに対する500万円の返還請求権の存否（そんぴ）が裁判の対象となる。このように民事訴訟の客体すなわち裁判の客体は私法上の権利又は法律関係であり、裁判を裁判所に対して求める行為を「訴え」と呼んでいる。

2 訴えの種類

⑴　訴えの種類

訴えには、確認の訴え、給付の訴え及び形成の訴えの３種類がある。

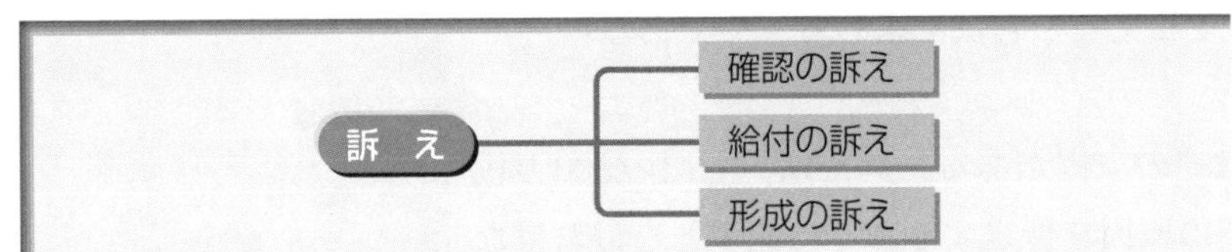

⑵　確認の訴え

原告の被告に対する特定の権利又は原告と被告との法律関係が審判

の対象となる。例えば、Xの所有物をYが占有しているとして、Xが「所有権確認の訴え」を提起する等が確認の訴えである。

⑶ **給付の訴え**

原告の被告に対する特定の給付請求権が審判の対象となる。例えば、前記の**1**の例のようにXのYに対する500万円の返還を求めてXが「貸金返還請求の訴え」を提起する等が給付の訴えである。

⑷ **形成の訴え**

裁判所の判決によって特定の法律関係を形成させることが審判の対象となる。例えば、離婚という法律関係を形成するために、XがYを相手として「離婚を求める訴え」を提起する等が形成の訴えである。

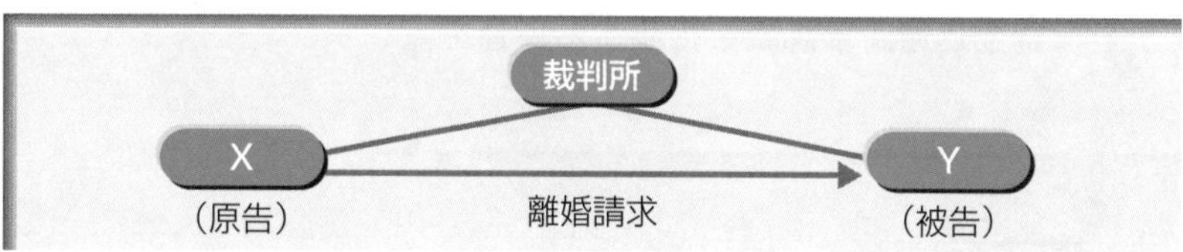

3 訴えの提起

⑴ **訴状の提出**

訴えの提起は訴状を提出してしなければならない。なお、簡易裁判所では口頭による訴えの提起も認められている。

⑵ **訴状の記載事項**

訴状には誰が誰にどのような請求をするかを記載しなければならない。

①請求の趣旨

裁判所に対してどのような請求を求めるかを端的に記載する。「被告は原告に対し金500万円を支払えとの判決を求める」等である。

②請求の原因

訴えを提起するからにはその原因がある。例えば、上記の500万円が貸金である場合には、その原因を特定するように記載しなければならない。

以上の①②により、原告が被告に何を求めているかが特定される。

(3) 訴訟の客体が複数の場合

1つの訴えが民事訴訟の基本的な形態であるが、当然訴えが複数の場合もある。

この場合、訴えの客観的併合等特殊な考慮が必要であるが、「入門の入門編」ではこのような訴訟形態もあるということにとどめる。

Ⅳ 審理

総論

訴訟の審理過程には当然裁判所で審理する日を決めて通知することや訴訟手続の中断なども重要であるが、この本では最も重要だと思われる「口頭弁論」と「証拠」について簡単に述べる。

2 口頭弁論

口頭弁論とは、簡単にいえば、書面ではなく、口頭で弁論することを意味する。

例えば、前記の例のXがYに500万円の返還を請求したという例で考えてみよう。

まず、Xが500万円を返還せよという主張をすることになるが、裁判官にとってみればXに500万円の返還請求権があるか否か不明なので、これをXが証明することになる。

Xにとって証明しなければならないのは、次の2つである。

①	500万円の授受があったこと
②	返還の合意があったこと

Yが借りていないと主張した場合は、上記通りであるが、もしYが「確かにXから500万円の授受はあったが、これは借りたものではなく、貰ったものだ」と主張した場合は、①をYが認めたことになる。この場合を自白といい、XとYで主張事実が合致するので証明の必要はない。

Xは②を証明すればよい。

さて、Xが②を証明したとして、Yが「すでに弁済している」と主張した場合はどうだろう。この場合、裁判官にとってみればYが弁済したか否かは不明なので、これをYが証明することになる。

このように審理過程においては、争いのある事実について調べることになる。

3 証拠

(1) 証明とは何か

前記**2**で述べた主張は原則として証拠によって証明していくことになる。

証明とは、自己の主張する事実の存在について裁判官に確信を得させる手続である。

(2) 証拠方法

証拠方法とは、裁判官が事実を認定する資料を得るため、五感の作用により取り調べることができる有形物をいう。

取り調べの対象が人である場合（証人、当事者、鑑定人）を「人証」、物である場合を「物証」という。

証人尋問	証人に認識事実等を供述させ資料を得る
当事者尋問	当事者を証拠調べの客体として資料を得る
鑑　　定	鑑定人（特別の学識経験者）を証拠調べの客体として資料を得る
書　　証	文書を閲読することによって資料を得る
検　　証	裁判官がその感覚作用によって検査し資料を得る

(3) 証明責任

裁判においては、証明できる場合ばかりではない。むしろ証明できない場合の方が多い。証明することができなかった結果、主張する事実を裁判官が認定しないことによって不利益を受けることになる。

この自己の主張する事実を証明できなかった場合に負う責任を証明責任という。

例えば、前記の例で原告が500万円の返還請求権があることを証明できなかった場合、その請求権はないことになり原告敗訴となる。つまり、この場合、証明できなかった責任は原告が負うのである。原告が①②を証明すれば、被告が弁済の事実を証明しなければならないが、証明できなかった場合は、被告は500万円を弁済しなければならない。つまり、この場合、証明できなかった責任は被告が負うのである。

これを一般的に考えると、「自分に有利な事実」は自己に証明責任があることになる。

V　訴訟の終了

1 総論

訴訟が終了するのは、裁判所が判決等を下す場合と、裁判によらず和解等による場合がある。

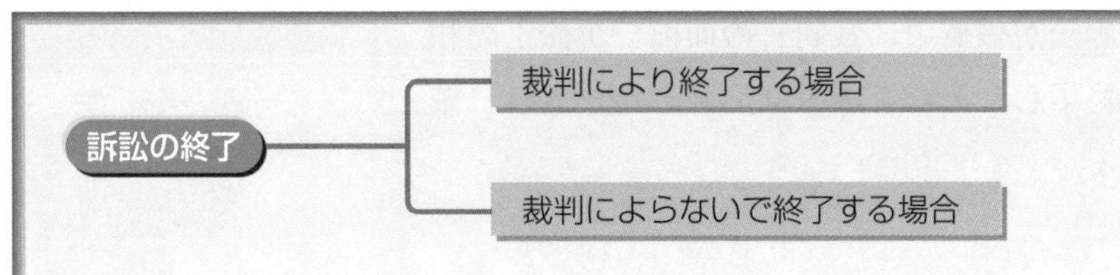

2 判決

(1) 判決とは何か

裁判所の判断である。裁判により訴訟が終了する。

(2) 判決の種類

判決には様々な分類が可能であるが、ここでは本案判決と訴訟判決を取り上げる。

①本案判決

訴訟上の当否についての裁判所の判断である。これには次の 2 つがある。

認容判決	原告の請求を正当と認める判決である。これにより原告勝訴となる。
棄却判決	原告の請求を不当とする判決である。これにより原告敗訴となる。

②訴訟判決

上記①の本案判決をするには、当事者能力等の訴訟要件が備わっていなければならない。訴訟要件が欠けていると裁判所が判断した場合は訴訟判決となる。これを却下判決といい、原告敗訴となる。

3 裁判によらないで終了する場合

(1) 訴えの取下げ

原告が審判の申立ての全部又は一部を撤回することである。これにより、訴えの提起はなかったことになる。

一定の場合、相手方の同意が必要である。

(2) 和解

当事者がお互いに歩み寄り紛争の解決を図るものである。

和解にも種類があるが、訴訟が係属中に裁判官の面前で訴訟上の和解が行われた場合、訴訟は終了し、それを調書に記載したときは、確定判決と同一の効力を有する。

(3) 請求の放棄・認諾

①請求の放棄

原告の方から請求に理由がないことを認めこれを放棄して訴訟を終了させることである。相手方の同意は不要である。

②請求の認諾

被告の方から請求に理由があることを認め訴訟を終了させることである。

③効力

請求の放棄・認諾をすると、訴訟は終了し、それを調書に記載したときは、確定判決と同一の効力を有する。

原告側からのアクション	訴えの取下げ・請求の放棄
被告側からのアクション	請求の認諾
原告・被告双方の歩み寄り	和解

Ⅵ 上訴等

日本の裁判制度は三審制といって3回裁判所の判断を受けることができる。地方裁判所の判断に不服があれば高等裁判所に控訴できるし、高等裁判所の判断に不服があれば最高裁判所に上告することができる。

例題でチェックしよう

《問題》○か×か

□□1　職分管轄とは、どの裁判所にどのような作用を受け持たせるかという区別である。これに対して事物管轄とは、第一審は原則として地方裁判所と簡易裁判所が受け持つ等というものである。

□□2　土地管轄の普通裁判籍は被告の本籍によって定まる。

□□3　特別裁判籍は普通裁判籍と競合するが、この場合は特別裁判籍が優先する。

□□4　民事訴訟法における当事者能力とは、民事訴訟の当事者となれる能力である。法人でない社団又は財団で代表者又は管理人の定めがあるものにも当事者能力が認められる。

□□5　訴訟能力とは、自ら単独で有効に訴訟行為をし、又は訴訟行為を受けうる能力をいう。この訴訟能力がない者のした行為は取り消すことができる。

□□6　訴訟上の代理人の一つに、訴訟法上の特別代理人があるが、これは、被告とされる者に法定代理人等がない場合に裁判長が選任する訴訟法上の法定代理人である。

□□7　訴訟委任による訴訟代理人には、弁護士の他はなることができない。

□□8　訴えには、確認の訴え、給付の訴え及び形成の訴えがあるが、離婚を求める訴えは給付の訴えである。

□□9　訴えの提起は必ず訴状を提出してしなければならない。

□□10　民事訴訟における審理は、書面によって進めていくのが原則である。

□□11　原告と被告の主張事実が一致した場合を自白といい、自白があれば証明の必要はない。

□□12　証拠方法とは、裁判官が事実を認定する資料を得るため、五感の作用により取り調べることができる有形物をいう。

□□13　本案判決には、認容判決、棄却判決及び却下判決がある。

□□14　原告の方から請求に理由がないことを認めこれを放棄して訴訟を終了させることを請求の放棄というが、これには、相手方の同意が必要である。

□□15　当事者の一方だけが歩み寄るのも和解である。

例題でチェックしよう

《解答・解説》

1　×　前半は正しい。後半であるが、第一審は原則として地方裁判所と簡易裁判所が受け持つというのも、職分管轄である。

2　×　普通裁判籍は原則として被告の住所によって定まるのであって、本肢のように本籍で定まるものではない。

3　×　特別裁判籍が普通裁判籍と競合する場合、どちらにするかは、原則として原告の意思による。

4　○　私法上の権利能力者である自然人及び法人には当然当事者能力が認められる。

5　×　前半は正しい。後半であるが、訴訟能力がない者がした行為は無効である。取り消しうる行為とはならない点注意が必要である。なお、訴訟能力がない者がした訴訟行為には裁判所の補正命令が認められる。

6　○　訴訟法上の特別代理人は本肢の意味で法定代理人の一種である。

7　×　地方裁判所以上は弁護士であるが、簡易裁判所では司法書士も訴訟委任による訴訟代理人となることができる。

8　×　前半は正しい。後半であるが、離婚を求める訴えは離婚という法律関係を裁判所に形成して欲しいという形成の訴えである。

9　×　確かに、地方裁判所以上では本肢の記述の通りである。しかし、簡易裁判所では口頭による訴えの提起も認められている。

10　×　民事訴訟の審理は口頭弁論といって口頭で弁論することで進行する。

11　○　当事者の主張事実が一致していれば、裁判所としてはそれを認めるということである。

12　○　例えば、証人尋問は証人を証拠方法とする証拠調べである。

13　×　本案判決には、認容判決、棄却判決がある。却下判決は、訴訟判決である。

14　×　請求の放棄の説明は正しい記述である。しかし、請求を放棄するには相手方の同意は不要である。

15　×　和解は当事者がお互いに歩み寄り紛争の解決を図るものである。

第7章

民事執行法
民事保全法

民事執行法・民事保全法とも民事訴訟法の理解が前提となっています。民事訴訟法をよく理解している人は民事執行法・民事保全法の理解も早いと思われます。

民事執行法は、民事訴訟法で権利を確定した後の話が中心で、民事保全法では、民事訴訟法における争いの前の話が中心となります。

なお、法律の学習においては、言葉の意味を理解することで大きく理解が進むことがあります。

民事執行法・民事保全法においては日常使用しない言葉（テクニカルターム）が多く使われていますのでそれに慣れるようにして下さい。

民事執行法

1 民事執行法は何故必要か

例えば、XがYに対して500万円の貸金債権を有しており、弁済期が到来しXがYに請求したにもかかわらず、Yが任意に履行しない場合を考えてみよう。

この場合、Xは自己の力によってYを強制して履行させること（自力救済）はできない。自力救済が禁止される反面、国家の力によって、債権の強制的実現をはかる必要がある。そこで民法は、債務者が任意に債務の履行をしないときは債権者は裁判所に対してその強制履行を請求するものと規定している。

しかし、民法にはどこの裁判所に請求すればよいのか、また請求するにはどのような手続を要するのかの規定がない。そこで強制執行の手続などを定めた法律が必要であり、これが民事執行法である（民事執行法は、強制執行の他にも担保権の実行などについても規定されている。）。

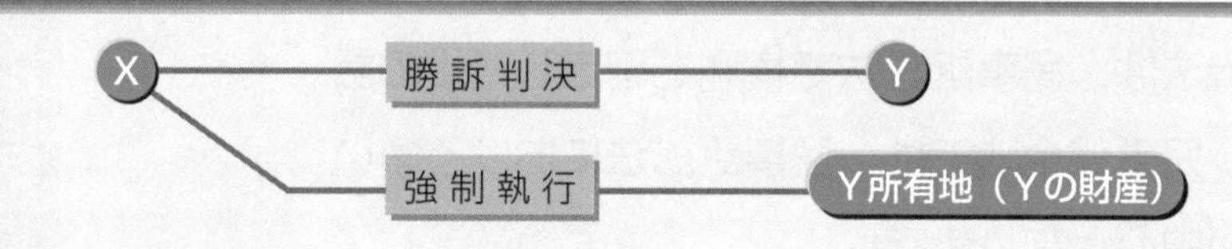

2 債務名義

先の例で、XがY所有不動産に対して強制執行（例えば、その不動産を強制競売しその代金から弁済を受ける）する場合には、不動産所在地の地方裁判所に強制執行の申立てをしなければならない旨を民事執行法では規定している。

また、強制執行の申立てをするには、債権の存在と範囲を明らかにする公の文書を提出しなければならない旨も規定されている。この文書のことを「債務名義」という。債務名義の典型は確定判決の正本である。

3 金銭債権についての不動産執行の流れ

途中様々な手続があるが、ここでは大雑把に捉える。いずれも執行裁判所が取り扱う。

(1) **差押え**

ここでも、XがYに500万円の債権執行ができることを例として考えよう。

まず、XはYの不動産を差し押える。差押えがあるとYは当該不動産を処分することが禁止又は制限される。

(2) **換価**

換価とは当該不動産を金銭に換えることである。執行裁判所は差押え不動産を一定の方法で売却し金銭に換える。

(3) **満足**

Xは当該不動産を売却して得た金銭から満足を受けることができる。なお、以上の執行手続を利用してYの他の債権者（例えばZ等）も一定の要件を満たしていれば配当を要求することができる。

4 担保権の実行

担保権の実行も民事執行の手続に則って行われる。

例えば、XがYに1000万円を貸し付け、Y所有の土地に抵当権を設定した。この抵当権の実行を考えてみよう。

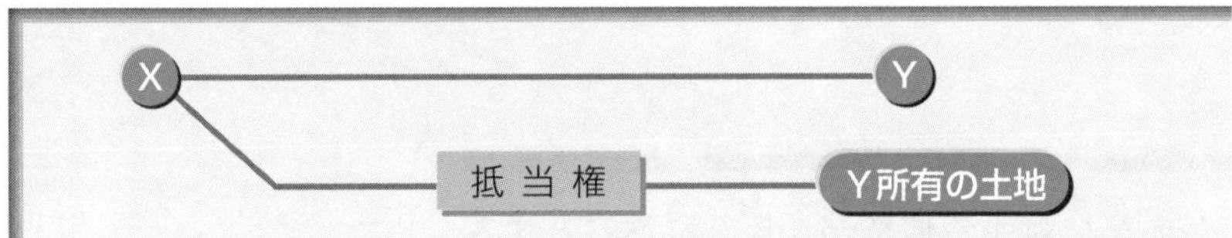

この場合、抵当権を設定したことを証する書面（登記事項証明書等）によって手続が開始され、上記**3**と同様、差押え、換価、満足（配当）の順を辿ることになる。ただ、上記**3**と異なるのはXがYの他の債権者に優先して満足を受けることができる点である。

民事保全法

1 民事保全法は何故必要か

例えば、XがYに500万円を貸しているが期日になってもYは弁済しない。XがYから強制的に弁済を受けるには、民事執行法の項で述べたように債務名義が必要である。

X ――― 強制執行のためには債務名義が必要 ――― Y

その債務名義を得るためにXがYに貸金返還請求訴訟を提起するのであるが、X勝訴の判決が確定するまで長い時間が必要である。

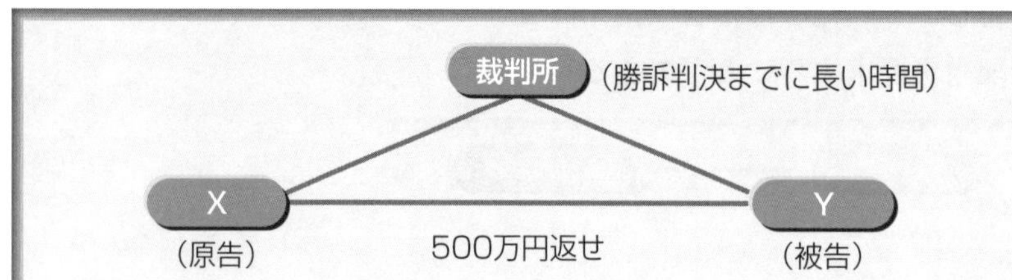

この間にY所有の不動産が売却されたり金銭が浪費されれば、Xは民事訴訟で勝訴しても実質的な民事執行をすることができない。

そこで、債務者の原状を維持することが必要となる。民事保全法の役目の１つがこの債務者の財産の原状を維持することである。

2 仮差押え

この「仮」というのは、XのYに対する債権が「仮」にあるとする場合の差押えということである。差押えが「仮」という意味ではない。

XがYの不動産の仮差押えを行うと、Yの当該不動産の処分が禁止又は制限される。

これによって、債務名義を得るまでの債務者の財産を確保することができる。

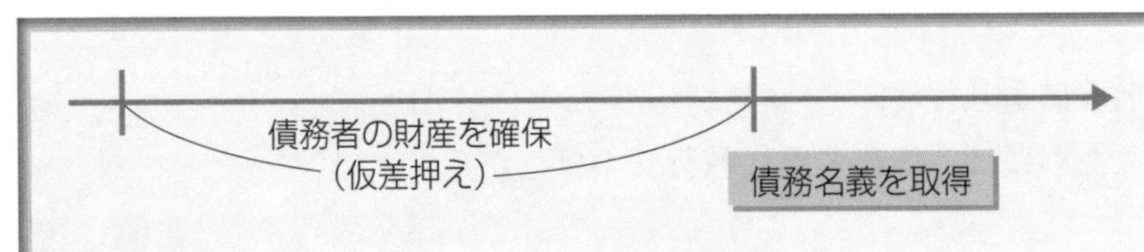

3 仮処分

民事保全は上記に述べた以外に金銭債権以外の権利を保全することもできる。

⑴ 係争物に関する仮処分

例えば、ＹがＸに不動産を売却したが、Ｙが移転登記に協力しない。そこで、ＸはＹに移転登記請求訴訟を提起することになるが、この訴訟の間にＹがＺに売却し移転登記をするかも知れない。そうすると、ＸＺは二重譲渡の当事者となり、登記のないＸの訴訟は意味がない。そこで、Ｙが他に譲渡しないように、「処分禁止の仮処分」の登記をすることができる。

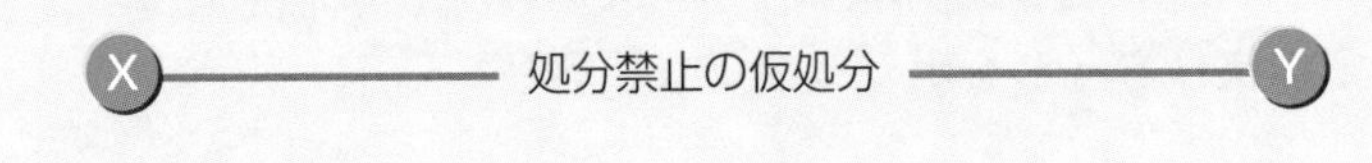

⑵ 仮の地位を定める仮処分

上記⑴と異なり、訴訟が終了するまで待っていては、債権者に著しい損害や急迫の危険が生じるおそれがある場合に、保全すべき権利関係があるものとして仮の地位を定めることである。

例えば、株式会社Ｚの取締役Ｙの職務執行に不正があったが、株主総会で解任決議は否決された。そこで、株主ＸはＹの取締役解任請求の訴えを提起した。この訴訟は一定の時間を要するものと考えられるがその間も取締役Ｙは活動することになる。

そこで、Ｘが取締役Ｙの職務停止を命ずる仮処分を裁判所に求めて認められると、取締役Ｙの職務執行は停止される。これは「仮の地位を定める仮処分」である。

例題でチェックしよう

《問題》○か×か

□□1　強制執行は、債務名義により行う。

□□2　強制執行をしていくためには、債務名義に執行文の付与が必要である。

□□3　執行裁判所は差し押えられた不動産を買い取り、その代金を債権者に配当する。

□□4　強制執行で差し押えた債権者のみ配当を受けることができる。

□□5　担保権の実行の場合も債務名義が必要である。

□□6　不動産の仮差押えを行うと、当該不動産の処分は制限されるが、禁止されることはない。

□□7　仮差押えの「仮」というのは、債権が「仮」にあるとすることであり、差押えが「仮」という意味ではない。

□□8　仮処分には、係争物に関する仮処分と仮の地位を定める仮処分がある。

《解答・解説》

1　○　強制執行をする者に権利があると公的に確定する文書を債務名義という。例えば、確定判決はもっともポピュラーな債務名義である。

2　○　債務名義を得た後に弁済や免除等がある可能性があり、すでに請求権を喪失している可能性がある。従って債務名義だけでは足らず、未だ執行できるという意味で執行文の付与が必要である。

3　×　執行裁判所は差し押えられた不動産を一定の方法で売却し金銭に換えこれを配当するのである。自ら買い上げるわけではない。

4　×　差し押えた債権者が配当を受けるのは当然であるが、執行手続を利用して他の債権者も一定の要件を満たしていれば配当を要求することができる。

5　×　担保権の実行の場合も民事執行法に則って行われるが、債権を示す文書として担保権を設定したことを証する書面（登記事項証明書等）によって手続が開始される。

6　×　不動産の仮差押えが行われると、当該不動産の処分が禁止又は制限される。

7　○　勘違いしないようにして頂きたい。

8　○　それぞれの概念をしっかり覚えておいて頂きたい。

第8章

司法書士法

司法書士法は、条文の知識が前提です。まず、条文を読んで下さい。

皆さんが目指している司法書士の輪郭が見えてくるかも知れません。

ただ、やみくもに条文を読まないで下さい。

例えば、本文にあるように分野別に条文を読んで理解し、そして最後に統合的理解をすることをお勧めします。

それが効率的であると思われるからです。

司法書士法

1 司法書士法とは何か

司法書士法は「司法書士はかくあるべし」という法律である。

ここでは、「司法書士になるためにはどうすればよいか」「司法書士の業務は何か」「司法書士の義務」「懲戒」「司法書士会及び日本司法書士会連合会」及び「司法書士法人」について述べる。

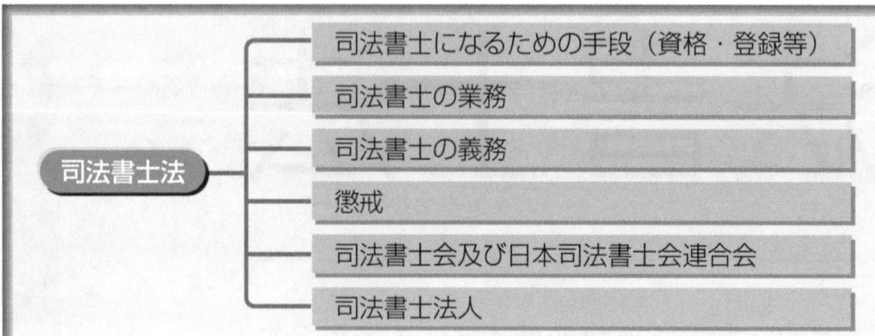

2 資格

(1) 司法書士となる資格を有する者

司法書士となる資格を有する者
司法書士試験に合格した者
裁判所事務官、裁判所書記官、法務事務官若しくは検察事務官としてその職務に従事した期間が通算して10年以上となる者等であって、司法書士の業務を行う能力があると法務大臣が認めた者

(2) 司法書士になれない事由（欠格事由（けっかくじゆう））

欠格事由
①禁錮以上の刑に処せられ、その執行を終わり、又は執行を受けることがなくなってから3年を経過しない者
②未成年者
③破産者で復権を得ないもの
④公務員であって懲戒免職の処分を受け、その処分の日から3年を経過しない者
⑤司法書士が、司法書士法又は司法書士法に基づく命令に違反し業務禁止処分を受け、その処分の日から3年を経過しない者

CHECK POINT!

心身の故障により司法書士の業務を行うことができない場合は、登録を拒否されたり、登録後に登録が取り消されたりすることがある。

⑥懲戒処分により、公認会計士の登録を抹消され、又は土地家屋調査士、弁理士、税理士若しくは行政書士の業務を禁止され、これらの処分の日から3年を経過しない者

3 登録

司法書士となる資格を有する者が、司法書士となるためには、司法書士名簿に一定事項の登録を受けなければならない。

なお、司法書士名簿は、日本司法書士会連合会に備える。

(1) 登録の申請

司法書士となる資格を有する者（X）が、その事務所を設けようとする地を管轄する法務局又は地方法務局の管轄区域内に設立された司法書士会を経由して、日本司法書士会連合会に対し、登録の申請をしなければならない。

X ―― 司法書士会 ―― 日本司法書士会連合会

(2) 登録の拒否

日本司法書士会連合会は、申請者が以下のいずれかに該当すると認めたときは、その登録を拒否しなければならない。

①司法書士となる資格を有しないとき

②司法書士会への入会の手続をとらないとき

③身体又は精神の衰弱により司法書士の業務を行うことができないとき（※）

④司法書士の信用又は品位を害するおそれがあるときその他適格性を欠くとき（※）

※登録審査会の議決に基づかなければならない。

(3) 登録の取消し

日本司法書士会連合会は次の事由があれば登録を取り消す。

・必要的取消事由（登録を取り消さなければならない）

①業務を廃止したとき

②死亡したとき

③司法書士となる資格を有しないことが判明したとき

④欠格事由に該当することとなったとき

・任意的取消事由（登録を取り消すことができる）

引き続き２年以上業務を行わないとき
身体又は精神の衰弱により業務を行うことができないとき

4 業務

司法書士の主な業務は次の通りである。

①登記又は供託に関する手続及び訴訟等についての代理
②法務局又は地方法務局に提出等する書類（電磁的記録）の作成
③法務局又は地方法務局の長に対する登記又は供託に関する審査請求の手続の代理
④裁判所若しくは検察庁に提出する書類又は筆界特定の手続において法務局に提出等する書類（電磁的記録）の作成
⑤上記①から④についての相談
⑥簡易裁判所における一定の手続（例　民事訴訟手続）についての代理（相談）
⑦民事紛争の相談業務等

5 義務

司法書士の主な義務は次の通りである。

事務所を設ける義務
依頼に応じる義務（正当事由ある場合を除く）
公務員として職務上取り扱った事件等の業務を行わない義務
所属する司法書士会及び日本司法書士会連合会の会則を守る義務
業務上取り扱った事件の守秘義務（正当事由ある場合を除く）

6 懲戒の手続

(1)　誰が懲戒処分をするのか

司法書士法及び司法書士法人とも**法務大臣**である。

(2)　聴聞

この処分を行うためには「聴聞」を行わなければならない。

(3) 原則として非公開

聴聞の期日における審理は、当該司法書士又は当該司法書士法人から請求があったときは、公開により行わなければならない。

(4) 処分

司法書士がこの法律又はこの法律に基づく命令に違反したときは、**法務大臣**は、当該司法書士・司法書士法に対し以下に掲げる処分をすることができる。

個人の司法書士	司法書士法人
戒告	戒告
2年以内の業務の停止	2年以内の業務の全部又は一部の停止
業務の禁止	解散

・懲戒の事由があったときから7年を経過したときは、上記の規定による処分の手続を開始することができない。

7 司法書士会及び日本司法書士会連合会

(1) 司法書士会

①司法書士は、その事務所の所在地を管轄する法務局又は地方法務局の管轄区域ごとに、会則を定めて、1個の司法書士会を設立しなければならない。司法書士会は法人とする。

②司法書士会は、会員の品位を保持し、その業務の改善進歩を図るため、会員の指導及び連絡に関する事務を行う。

③司法書士として登録されるためには、司法書士会に入会しなければならない。強制加入である。

(2) 日本司法書士会連合会

①全国の司法書士会は、会則を定めて、日本司法書士会連合会を設立しなければならない。日本司法書士会連合会は法人とする。

②日本司法書士会連合会は、司法書士会の会員の品位を保持し、その業務の改善進歩を図るため、司法書士会及びその会員の指導及び連絡に関する事務を行う。また、司法書士の登録に関する事務を行う。

8 司法書士法人

(1) 司法書士法人とは何か

一定の業務を行うことを目的として、司法書士が共同して設立する法人である。

(2) 成立

社員となろうとする者が共同して「定款」を定め、その主たる事務所の所在地で設立の登記をすることによって成立する。

(3) 社員

司法書士法人の社員は司法書士でなければならない。

(4) 業務

前記**4**①から⑤で述べた業務と定款規定の次の業務をすることができる。

法務省令で定める業務の全部又は一部
簡易訴訟代理等関係業務

(5) 合併

総社員の同意があるときは、他の司法書士法人と合併することができる。主たる事務所の所在地における登記が効力発生要件である。

(6) 解散

司法書士法人は定款に定める理由の発生、社員の欠亡（社員が一人になったことは解散事由ではない。）により解除する。

なお、司法書士法人の清算人は、社員の死亡により社員が欠亡し、司法書士法人が解散するに至った場合には、当該社員の相続人の同意を得て、新たに社員を加入させて司法書士法人を継続することができることとした。

例題でチェックしよう

《問題》○か×か

□□1　裁判所事務官、裁判所書記官、法務事務官若しくは検察事務官としてその職務に従事した期間が通算して20年以上となる者で法務大臣が認めた者は、司法書士試験に合格しなくても司法書士として登録することができる。

□□2　禁錮以上の刑に処せられ、その執行を終わり、又は執行を受けることがなくなってから5年を経過しない者は司法書士となることができない。

□□3　未成年者、成年被後見人又は被保佐人若しくは被補助人は司法書士となることができない。

□□4　登録は、司法書士となる資格を有する者が、その事務所を設けようとする地を管轄する法務局又は地方法務局の管轄区域内に設立された司法書士会を経由して、日本司法書士会連合会に対し、申請しなければならない。

□□5　司法書士会への入会の手続をとらないときは、登録を拒否することができる。

□□6　司法書士として登録されている者が、成年後見開始の審判を受けたときは、その登録を取り消さなければならない。

□□7　正当事由があれば、司法書士には、業務上取り扱った事件の守秘義務はない。

□□8　司法書士法人の社員は司法書士でなければならない。

《解答・解説》

1　×　「20年」ではなく、「10年」である。

2　×　「5年」ではなく、「3年」である。

3　×　未成年者、成年被後見人又は被保佐人については正しい。しかし、被補助人は欠格事由ではない。

4　○　司法書士会を経由する点に注意。

5　×　「することができる」ではなく、「しなければならない」のである。

6　○　成年後見開始の審判を受けたときは、欠格事由に該当することとなったときであるから、登録を取り消さなければならない。

7　○　裁判の証人等が正当事由に該当する。

8　○　社員とは構成員という意味である。

第9章

供託法

この法律を理解するためには、民法は勿論、民事執行法・民事保全法等の学習が進んでいなければなりません。

これらの法律を理解してから供託法の学習をされることをお勧めします。

なお、供託という言葉は日常でも使用されます。この日常でも使用されるというのが実は曲者なのです。

「その言葉なら知っている」として、理解の妨げとなることがあるので注意して下さい。

供託法

1 供託法とは何か

債務者が債務の本旨にしたがった弁済提供をしたところ、債権者がその受領を拒否したときは、債務者は弁済の目的物を供託して債務を免れることができると民法は規定している。しかし、民法は債務履行地の供託所に供託することによって債務を免れることができる旨は規定しているが、何が「供託所」なのか、また、供託をするにはどのような手続をすればよいのかは定められていない。

そこでこの供託をするための手続について規定する法律が必要であり、それが供託法や供託規則である。

例えば、供託法には、金銭を供託するには、法務局（地方法務局、支局、法務大臣指定の出張所）が供託所となると規定し、供託規則には、供託の申請は一定の様式による供託書を提出してしなければならない旨が規定されている。

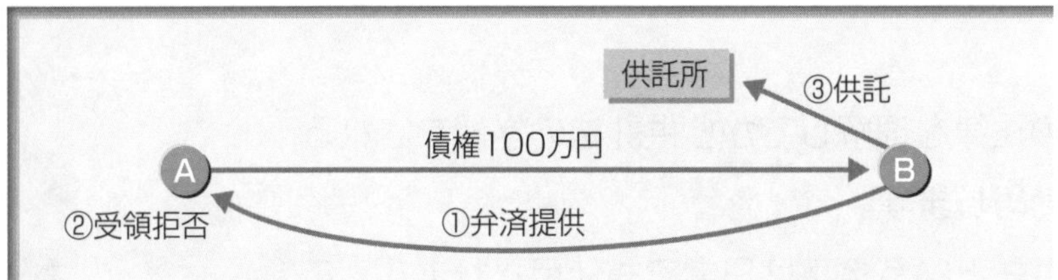

2 供託当事者

⑴ 供託当事者とは何か

供託当事者とは、供託する者と供託される者のことである。

⑵ 当事者能力

供託当事者となり得る能力を当事者能力というが、当事者能力は、権利能力者及び代表者又は管理人の定めがある権利能力なき社団（財団）に備わっている。

3 供託の種類

供託には次の５つのものがある。

供託の種類	意　義
弁済供託	弁済のためにする供託
執行供託	強制執行のためにする供託
保証供託	担保のためにする供託 例　訴えの提起に際し、訴訟費用の支払いを確実にするために金銭を供託する。
没取供託	権利の濫用を防止するための供託 例　立候補に際して、法定得票数に達しない場合に供託した金銭等を没収する。
保管供託	目的物そのものの保管のための供託 例　銀行の業績の悪化により銀行の資産を供託する。

この本においては、弁済供託と執行供託について述べる。

4 弁済供託

(1)　弁済供託の種類

どのような場合でも弁済のための供託ができるわけではない。弁済供託ができるのは、次の場合である。

①受領拒絶

債権者が受領を拒んでいる場合は、債務者等は弁済の目的物の供託をすることができる。

例えば、家賃に関する争いがあって、賃貸人（債権者）が賃借人（債務者）の提供した賃金を不足ありとして受け取らない場合がある。

いかなる場合がこの受領拒絶に該当するかが問題となる。

②受領不能

債権者による受領が事実上又は法律上不可能な場合に債務者等は弁済の目的物の供託をすることができる。

例えば、債権者の所在が不明で事実上受領が不可能な場合がある。

いかなる場合がこの受領不能に該当するかが問題となる。

③債権者不確知（ふかくち）

債権者不確知とは、債権者と称する者が複数いて、真実の債権者が誰なのか分からない場合をいう。この場合は、債務者等は弁済の目的物の供託をすることができる。あとは、債権者と称する者同士で争ってくれということである。

いかなる場合がこの債権者不確知に該当するかが問題となる。

受領拒絶	債権者が受領を拒んでいる場合
受領不能	債権者による受領が事実上又は法律上不可能な場合
債権者不確知	債権者が誰か分からない場合

⑵ 供託すべき供託所（管轄）

供託所の管轄については、供託法や供託規則にこれを一般的に定めた規定はなく、民法や民事訴訟法など個別の供託を認め、あるいは義務付けた法律に規定されている。

例えば、民法の弁済供託は「債務履行地の供託所」に供託すべきものとしている。

⑶ 供託物の取戻し

例えば、Y（債務者）がX（債権者）に対する債務額である金銭を供託所に供託したが、何らかの理由により供託者（Y）が供託物を取り戻す場合がある。これを供託物の取戻しという。

次の場合には取戻しをすることができない。

債権者（被供託者）が供託を受諾した
供託を有効と宣告した判決が確定した
供託によって質権又は抵当権が消滅した

⑷ 供託物の還付

上記⑶の例でX（被供託者）が供託物を受け取る場合である。これを供託物の還付という。

次の場合は還付を受けることができない。

被供託者が確定していない
被供託者の供託者に対する実体上の債権が確定していない
被供託者の請求権行使の条件が成就していない

5 執行供託

執行供託には、権利供託と義務供託の２つがある。

⑴　**権利供託**

例えば、ＡがＢに債権を、そして債務者Ｂが第三債務者Ｃに債権を有していて、ＡがＢのＣに対する債権を差し押えた場合を考えてみよう。

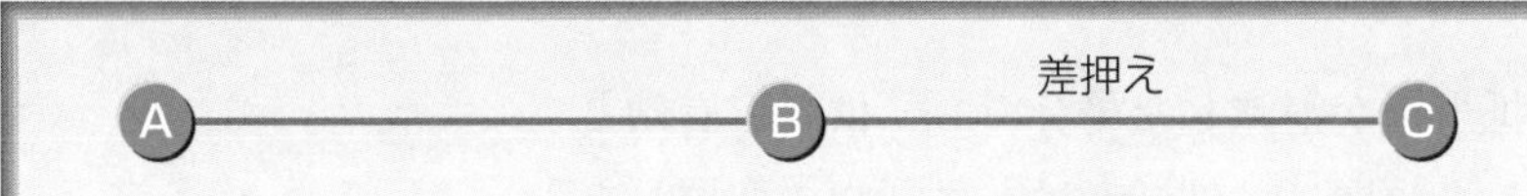

この場合、ＣはＢへの弁済が禁止されるが、Ｃとしては、Ｂに対する債務に相当する金銭を供託所に供託して債務を免れることができる。これを権利として認められた供託という意味で権利供託という。

⑵　**義務供託**

例えば、ＡがＢに債権を、そして債務者Ｂが第三債務者Ｃに債権を有していて、ＡがＢのＣに対する債権を差し押えた上記⑴の場合に加えて、ＤもＢに債権を有していてＡに重ねてＢのＣに対する債権を差し押えた場合を考えてみよう。

なお、ＡのＢに対する債権額とＤのＢに対する債権額を足すとＢのＣに対する債権額を超えるものとする。

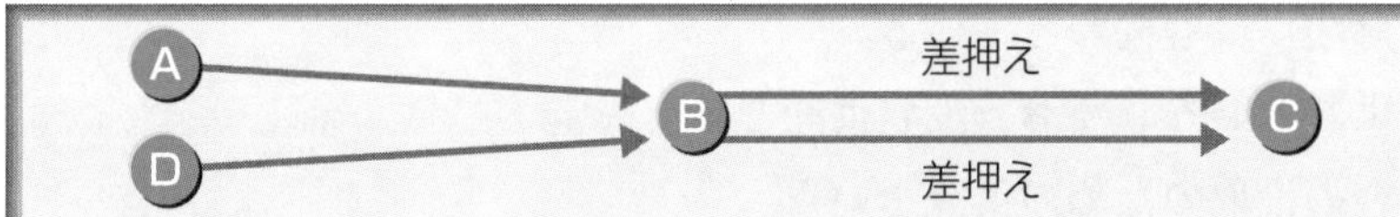

この場合、Ｃとしては、Ｂに対する債務額を供託所に供託しなければならない。これはＣの義務としての供託という意味で義務供託という。

※以上⑴⑵は仮差押えの場合も同様である。

例題でチェックしよう

《問題》○か×か

□□1　供託当事者となり得る能力（当事者能力）は、権利能力者には備わっているが、権利能力なき社団には備わっていない。

□□2　訴えの提起に際し、訴訟費用の支払いを確実にするために金銭を供託することを、没取供託という。

□□3　弁済供託における債権者が受領不能の場合とは、法律上の場合を指し、事実上のそれを含まない。

□□4　供託をすべき供託所については、一般的な規定はなく、個別的に決定している。

□□5　弁済供託によって抵当権が消滅した場合でも、供託を有効と宣告する判決が確定しない間は、供託者は、供託物の取戻しを請求することができる。

□□6　被供託者の供託者に対する実体上の債権が確定していない場合でも、還付を請求することができる。

□□7　差押え債権額より第三債務者に対する債権額が多い場合には全額の供託をすることができない。

□□8　仮差押えの場合、義務供託はしなければならないが、権利供託はすることができない。

《解答・解説》

1　×　当事者能力は、権利能力者及び代表者又は管理人の定めがある権利能力なき社団（財団）にも備わっている。

2　×　本肢の供託は、保証供託という。なお、没収供託とは、一定の要件を満たさない場合の没取のための供託をいう。

3　×　受領不能とは、債権者による受領が事実上又は法律上不可能な場合をいう。

4　○　どの供託所に供託するかに関する一般的な規定はない。

5　×　供託を有効と宣告する判決が確定しない間でも、質権又は抵当権が消滅すれば、供託物を取り戻すことはできない。

6　×　被供託者の供託者に対する実体上の債権が確定していない場合には、還付を請求することができない。

7　×　本肢のような場合も権利供託として全額の供託をすることができる。

8　×　仮差押えの場合でも、権利供託、義務供託ともにすることができる。

第10章

不動産登記法

不動産登記法は、不動産登記制度と、それを利用するための手続に関する法律ですから、民法のように、条文の解釈をあれこれ考えなければならないようなことは、ほとんどありません。

それだけに簡単であるともいえますが、何しろ分量が多く、奥も深いので、規則を単調に憶えていくだけという構えでは、無味乾燥で、勉強意欲を持続させることが難しくなります。

そこで、実務に密着しているのだ、ということを常に念頭に置くようにすれば、最も効果的に勉強でき、面白味も沸いてくるでしょう。

不動産に関する登記の制度と手続

1 不動産とは何か

不動産とは、土地と建物である。建物には、一戸建ての建物と、マンションのような建物（区分建物）がある。

2 不動産に関する登記

ＡＢ間の売買契約でＡ所有の土地と建物をＢに売却する場合を考えてみよう。

ＢがＡの不動産を現地に直接見に行ったとしても、それだけでは取引に必要な正確で詳しい情報は分からないに違いない。例えば、

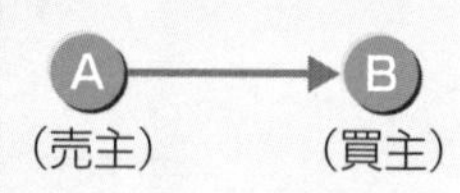

(1)　不動産物件自体の現況を示す情報

土地については	建物については
面積（地積）	床面積
宅地か畑かなど（地目）	居宅か事務所かなど（種類） 木造か鉄骨造かなど（構造）

(2)　不動産に対する権利関係の情報

Aはそもそも本当に所有権者なのか
Aから物件を賃借して現に使用している者はいないか
Aの借金を担保するために抵当権などが付いていないか、など

このような情報を得た上でなければ、Ｂは安心してＡと売買契約をするわけにはいかないであろう。

そこで、個々の不動産に関する情報を、誰もが見られるように、公の機関で記録している。これが不動産登記である。

なお、土地の登記と建物の登記は別々に記録されている。

3 表示に関する登記と権利に関する登記

上記**2**で述べたうち、不動産自体の現況を示す情報を記録した登記

を「表示に関する登記」、権利に関するの情報を記録した登記を「権利に関する登記」という。

4 不動産登記の効力

ＡＢ間の売買契約でＡ所有の不動産をＢが買えば、ＢはＡに替わって所有権者となる。この場合、所有権がＡからＢに移転したことを登記しないと、Ｂは売買の当事者であるＡに対してだけしか自己の所有権を主張できない。しかし、登記をすれば、Ａ以外の第三者に対しても所有権を主張することができるようになる。これを対抗力といい、不動産登記の最も重要な効力である。

例えば、ＡがＣにも二重に譲渡していた場合を考えてみよう。Ｂは登記がなければ、Ｃに対して所有権を主張（対抗）できず、もしＣが先に登記をしてしまえば、ＢはＣと所有権を争っても負けてしまうのである。

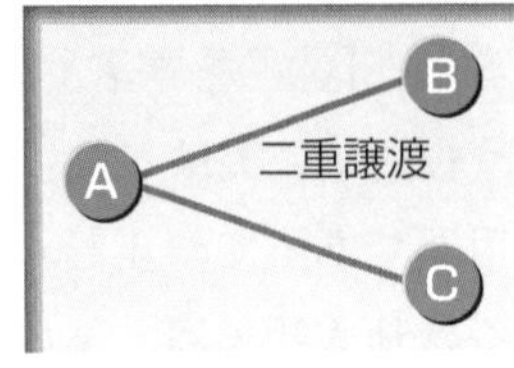

5 不動産登記法

不動産登記は国が定めた制度である。この制度を利用して登記をし、また、登記された記録を利用するための手続を定めているのが不動産登記法である。

6 不動産登記法の勉強

権利義務を定めた法律を実体法、その実現方法を定めた法律を手続法という。不動産登記の場合、主として民法が実体法、不動産登記法が手続法という関係になる。民法には契約や相続などを原因として発生する不動産に対する権利（不動産物権）の内容や権利変動についての規定がある。従って、不動産登記法は、民法の理解を基礎とし、民法と並行しながら、次のような段階で勉強することになるであろう。

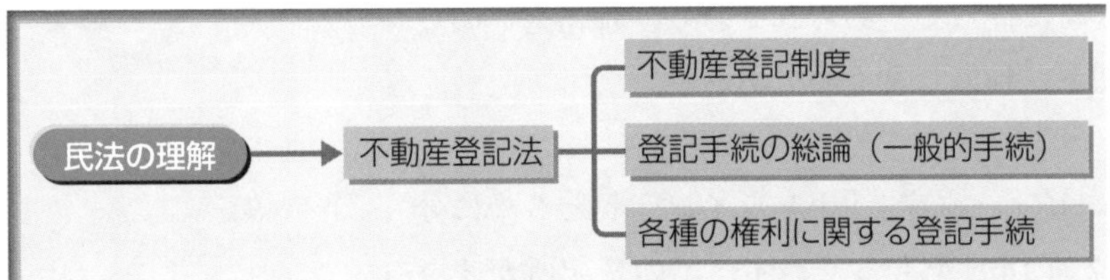

登記所と登記官

1 登記はどこにあるのか

(1) 登記は登記所にある

登記は国が定めている制度である。その事務を取り扱うのは「登記所」と呼ばれている国家機関（官庁）である。登記所は全国各地にあるが、「○○警察署」「○○消防署」のように「ドコソコ登記所」という役所は、実はどこにもない。「登記所」というのは不動産登記法上の用語であって、正しく言えば、登記事務を取り扱っている法務局若しくは地方法務局、又はその支局若しくは出張所のことを「登記所」と呼んでいるのである。従って、例えば、「東京法務局世田谷出張所」などが正式名称である。

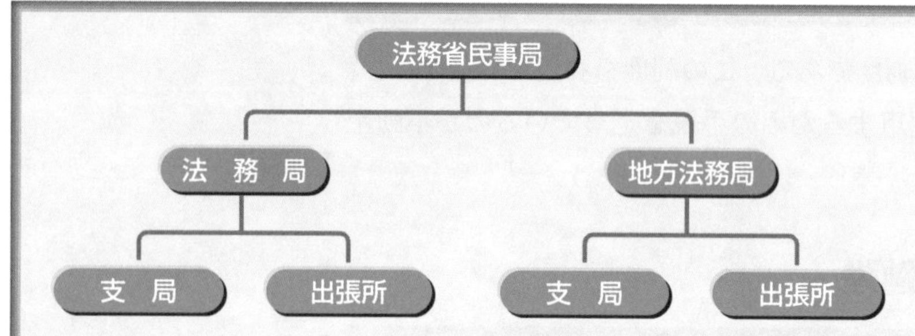

これらの登記所に備えられている登記記録の記録内容（登記事項）が登記である。

(2) 登記所の管轄

登記所は全国各地にある。しかし、登記申請は、郵便局で払込みをするように、どこの登記所に提出してもいいというわけではない。不動産の所在地によって管轄する登記所が決められているからである。管轄区域はおおむね行政区画に従って定められており、管轄違いの登記所に申請した場合には却下されてしまうのである。

(3) 登記所のタイプ

以前は「ブック庁」「コンピュータ庁」「オンライン庁」と３つに分かれていたが、平成20年７月14日をもって、すべての登記所がオンライン庁となった。従って、以下に説明する３つの区別は意味をなさなくなったが、３つの区別があったことは知っておこう。

①ブック庁

登記簿がバインダー式の帳簿に綴じられた登記用紙で編成されている登記所。この登記簿が図書館の本のように棚に並べられていた。

②コンピュータ庁

登記簿がコンピュータに記録された登記情報で調製されている登記所。

③オンライン庁

平成17年３月から施行された改正不動産登記法により、インターネットを利用してオンラインで登記申請することが可能になった。オンライン庁への準備が整った登記所から、順次、オンライン庁へ移行していき、現在は、すべてオンライン庁になっている。

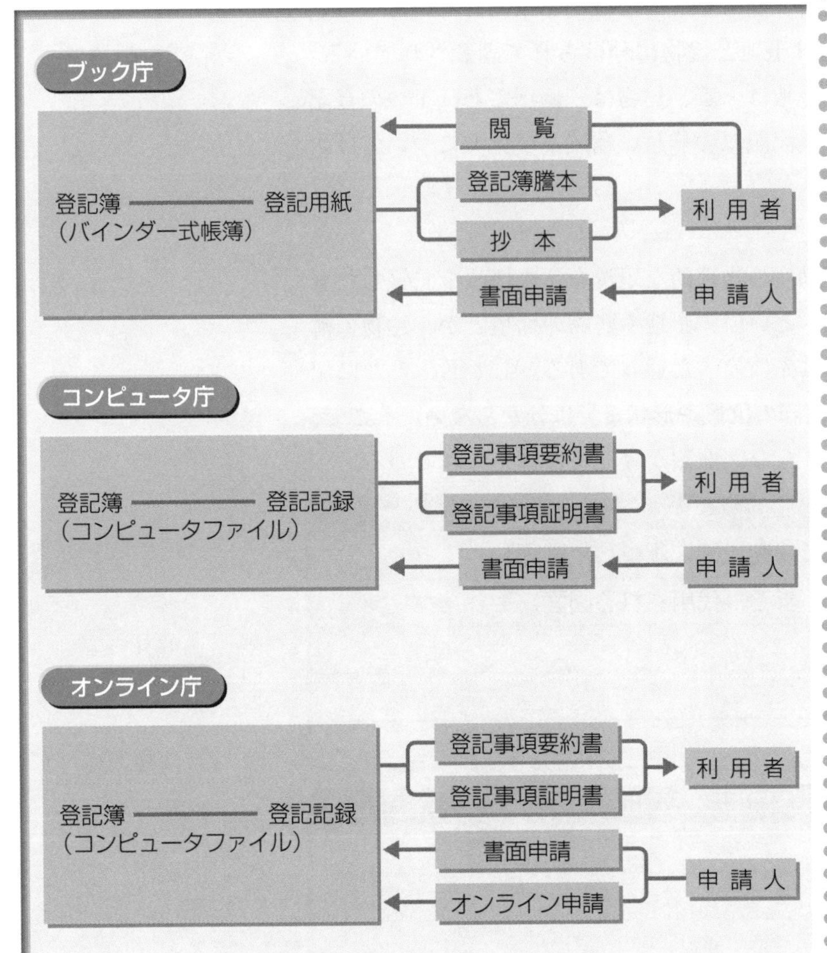

CHECK POINT!

オンライン申請ができない登記所をコンピュータ庁、できる登記所をオンライン庁という。

2 登記官

登記は誰がする

登記所で登記の事務を取り扱い、実際に登記簿に登記事項を記録する権限と責任を持つのは登記官という公務員（登記所に勤務する法務事務官のうち法務局長又は地方法務局長の指定を受けた者）である。登記所の規模によって人数は異なるが、登記官のいる役所が登記所であり、登記官のいない登記所はないのである。

3 登記所に備えられている物

(1) 登記記録

言うまでもなく、登記所で最も中心的な役割を果たしているのは登記記録である。登記記録は土地と建物に分けられて調製されている。それぞれ一個の不動産（土地は一筆、建物は一個）ごとに１つの登記記録が設けられている。登記記録の詳しい編成及び見方については次項で解説する。

(2) 図面類

登記のうち、個々の不動産の物理的な現況を示す情報を記録したものを「表示に関する登記」といい、土地や建物の面積とか、建物の構造などが記録されることは先に述べた通りである。しかし、ここに記録された数字だけでは、実際の位置や形状までは分からない。そこで、登記簿を補うために次のような図面類が登記所に備えられている。

土地については
地図（土地の位置、形状を正確に測量した図面）
公図（地図が完備するまで、代用される図面）
土地所在図
地積測量図
地役権図面

建物については
建物所在図
建物図面
各階平面図

4 登記事項の公開

不動産登記記録は一般に公開されていて、誰でも登記事項を知ることができる。これによって、不動産の権利関係等の状況が誰にでも分かり、不動産取引を安全・円滑に進められるようになる。登記記録された情報を利用しようとする者は、手数料を納付すれば、次のような証明書類の交付を受けたり、閲覧したりすることができる。

(1) 登記記録の閲覧

インターネット登記情報提供サービスによって、誰でも手数料を納付すれば、オンライン庁の保有する登記情報を自宅や会社のパソコンで閲覧することができる。

(2) 登記事項証明書

登記事項の全部又は一部を証明した書面を登記事項証明書という。現在では、従来の登記簿謄本・抄本に代わって、登記事項証明書が交付されている。登記事項証明書は6種類あり、1つの不動産についての登記記録の全部を証明する全部事項証明書、一部を証明する登記記録として現に効力を有するものを証明する現在事項証明書等がある。

(3) 登記事項要約書

1つの不動産についての登記記録の概要を記載した書面を登記事項要約書という。登記事項要約書は主要事項のみの記載で、作成年月日や登記官による認証文等は記載されない。そのため、登記事項証明書のような証明力はない。

(4) 地図、公図又は建物所在図等の写しの交付又は閲覧

オンライン庁でも、図面類をコンピュータの記録にしていない登記所では、閲覧することができる。

（登記事項要約書の例）

登記事項要約書　　土地

1	表題部	○市○町×丁目				
		○番○	宅地	○○○	○	
	所有権	○県○市○×丁目×番×　A				○年○月○日 第○○○番

不動産登記法

登記記録

1 登記記録の編成

(1) 一筆の土地又は一個の建物の登記記録

登記はまず土地と建物に分けて記録され、「表示に関する登記」と「権利に関する登記」に分けて記録されることは最初に述べた。

「表示に関する登記」が記録される部分を表題部、「権利に関する登記」が記録される部分を権利部という。

権利部はさらに甲区と乙区に区分される。甲区には所有権に関する登記、乙区には所有権以外の権利に関する登記が記録される。

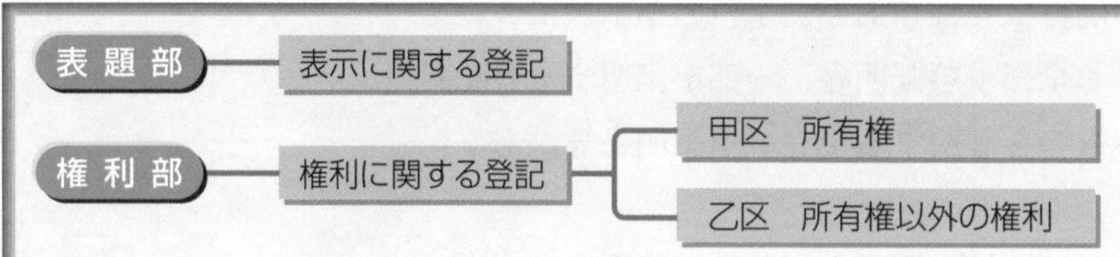

(2) 区分建物の登記記録

一棟のマンションを考えてみよう。居住の対象となっているマンションの各部屋のことを専有部分という。専有部分はその敷地を利用する権利（敷地利用権）と一体としてでなければ、買ったり売ったりすることができないようになっている。これを敷地権付区分建物というが、この場合の建物登記記録には敷地権（一体となった敷地利用権のこと）もまとめて記録され、土地（敷地）の登記記録の方には、その土地が敷地権となった旨の登記がされるだけという形になっている。

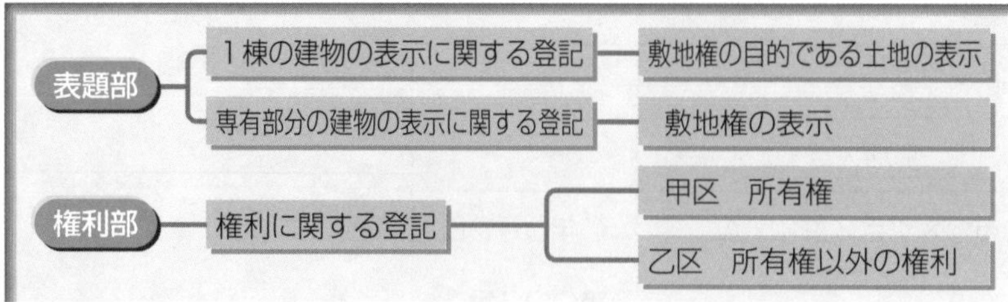

2 登記される権利

不動産の登記することができる権利は、不動産登記法に定められた権利に限られている。不動産に対する権利（不動産物権）については主として民法に規定があることは先に述べたが、民法で規定されている物権のすべてが登記できる権利というわけではないことに注意してもらいたい。登記できる権利は次の通りである。

	民法に定められた権利	不動産登記法で登記できる権利
占有している状態そのものに認められる権利	占有権	×
所有者が自由に使用、処分できる権利	所有権	所有権
他人の不動産を使用できる権利	地上権	地上権
	永小作権	永小作権
	地役権	地役権
	入会権	×
	賃借権※1	賃借権
	×	採石権※2
貸金などの回収を確保するための権利	留置権	×
	先取特権	先取特権
	質　権	質　権
	抵当権（根抵当権を含む）	抵当権（根抵当権を含む）

※1　賃借権は債権であるが物権に準じて登記できる。

※2　採石権は民法ではなく採石法に規定された物権である。

3 登記される物権変動

不動産物権について次のような状態が生じたときは、当事者はその旨の登記を申請することができる。

⑴ 登記される権利が発生したとき（保存登記、設定登記）

当事者間の契約で権利が発生した場合は設定登記、それ以外で発生した場合は保存登記をする。

（例）Aが建物を新築して、建物の所有権がAに発生した場合。
→所有権保存登記
AがPから借金をし、A所有の不動産にPの抵当権を付ける契約（設定契約）をした場合。
→抵当権設定登記

⑵ 権利者が替わったとき（移転登記）

（例）Aが売買契約でBに不動産を売り渡した場合。
→売買による所有権移転登記
X所有の不動産をAが相続した場合。
→相続による所有権移転登記

⑶ 権利内容が変化して、登記と実際が違ったとき（変更登記）

（例）不動産の所有権者Aが婚姻して氏名が変わった場合。
→登記名義人氏名変更登記

⑷ 権利内容が間違って登記されて、実際と違うとき（更正登記）

（例）BがAから不動産を買ったが、誤って婚姻前の氏名で登記をしていた場合。
→登記名義人氏名更正登記

⑸ 権利の処分について他人の制限を受けたとき（処分制限の登記）

（例）Aが借金を返済できなくなり、債権者がA所有の不動産を差し押えた場合。
→差押えの登記

⑹ 権利が消滅したとき（抹消登記）

（例）AがPからの借金を完済し、設定されていたPの抵当権が消滅した場合。
→抵当権抹消登記

4 登記の見方

(1) 順位

権利に関する登記においては、1つの不動産に対して複数の権利に関する登記がされることがある。この場合、登記された権利相互の順位関係を把握することがまず重要である。順位は原則として権利が登記された時間的前後によって決まる。

例えば、A所有のX不動産をBが売買契約により取得して新たな所有権者となったが、その際Bは購入代金の一部を複数の銀行からの借金でまかなったとしよう。BはまずP銀行から、続いてQ銀行から借り入れ、X不動産にP、Qの順番に抵当権を設定した旨の登記をした。この場合、PとQの抵当権の順位は、登記された順序に従う。そこで、もしBが借金の返済ができず、X不動産が競売されたとすると、PはQよりも先の順位で弁済を受ける権利を主張できることになる。

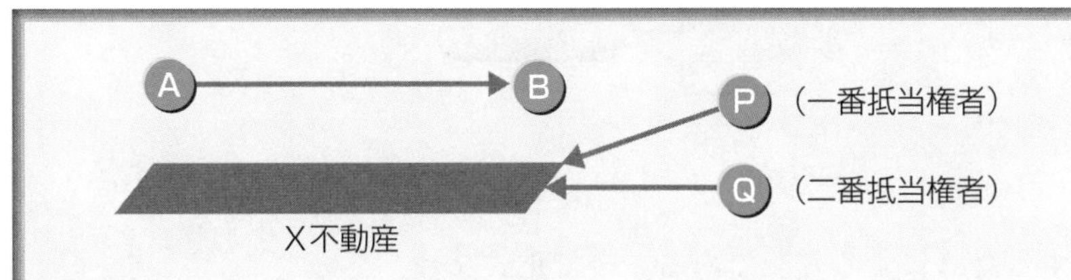

(2) 順位番号

順位に関してもう少し詳しく説明しよう。登記所に登記の申請をすると、まず順番に受付番号が付けられる。次に、申請が受理されて登記官が権利に関する登記をすると、権利部の甲区又は乙区に、登記した順序を示す番号（順位番号）が記録される。そこで、登記の順位は、甲区又は乙区の中では、各区に記録された順位番号に従い、甲区に登記された権利と乙区に登記された権利の先後は、受付番号に従うこととされるのである。

上記(1)の事例で見ると、

甲区		
順位	権利内容	受付番号
1	Aの所有権	①
2	Bへの所有権移転	②

乙区		
順位	権利内容	受付番号
1	Pの抵当権	③
2	Qの抵当権	④

などとなり、この場合、全体の順位は①②③④の順となる。

⑶ 主登記と付記登記

⑵で述べたように、順位番号を付けて記録された権利に関する登記を主登記という。

これに対して付記登記とは、主登記された権利の内容を変更した場合などに、主登記の付属として記録される登記である。付記登記は不動産登記法に定められた場合に限ってなされる。その順位は主登記の順位と同じで、付記登記どうしの順位は付記登記の先後で決まる。

例えば、⑴の事例で、Ｐ銀行が社名を変えて（商号変更して）Ｒ銀行となったとしよう。この場合、抵当権者ＰをＲに変更する登記（登記名義人名称変更登記）は、乙区１番の抵当権の付記登記とされ、後から登記されても、乙区２番のＱより順位が遅れることはない。

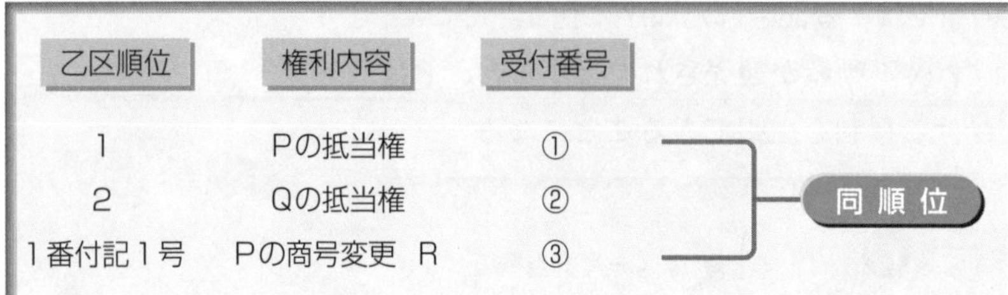

⑷ 仮登記

仮登記とは、順位を確保するためにする登記である。後で正式な登記（仮登記の本登記という）をすれば、仮登記をしたときの順位が確定されるが、そのままではいわば未完成の登記である。未完成だから登記の最も重要な効力である対抗力はない。

例えば、ＡとＢとの間でＡ名義の不動産について売買予約が行われた場合、未だ所有権は移転していないため所有権移転登記をすることができないので、将来予約が完結されて所有権移転登記（本登記）をするときのために仮登記をしておいて本登記の順位を保全しておくことができるのである。

仮登記をすると、その次に本登記をするための余白が設けられる。

〈仮登記〉

甲区	権利内容
1	所有権　A
2	所有権移転仮登記　B
	（余白）

➡

〈仮登記の本登記〉

甲区	権利内容
1	所有権　A
2	所有権移転仮登記　B
	所有権移転本登記　B

(5) 登記事項

登記事項とは、登記記録として登記すべき事項のことである。すなわち、登記事項証明書に書かれている事項のことである。これも不動産登記法で決まっており、登記すべき事項でないものを登記しようとする申請は却下されてしまうのである。

権利に関する登記の基本的な登記事項には次のようなものがある。

①登記の目的

どの権利について、どんな権利変動を登記したのかが分かる。

（例）「所有権移転」

②申請の受付年月日及び受付番号

③登記原因及びその日付

いつ、どんな原因で物権変動があったのかが分かる。

（例）「令和〇年〇月〇日　売買」

④権利者（登記名義人）の住所、氏名（名称）

２人以上であるときは権利の持分も登記事項となる。

⑤その他、登記できる各権利に固有の登記事項が定められている。

（例）所有権移転登記の登記事項

【権利部（甲区）】（所有権に関する事項）				
順位番号	登記の目的	受付年月日・受付番号	原　因	権利者その他の事項
1	所有権保存	〇年〇月〇日 第〇〇号		住所 A
2	所有権移転	〇年〇月〇日 第〇〇号	〇年〇月〇日売買	住所 B

（例）抵当権設定登記の登記事項

【権利部（乙区）】（所有権以外の権利に関する事項）				
順位番号	登記の目的	受付年月日・受付番号	原　因	権利者その他の事項
1	抵当権設定	〇年〇月〇日 第〇〇号	〇年〇月〇日 金銭消費貸借 同日設定	債権額　金〇円 利息　年〇% 損害金　年〇% 債務者　B 抵当権者　P

登記申請手続

表示に関する登記と権利に関する登記のうち、司法書士の業務及び試験に関係するのは主として権利に関する登記である。そこで、以下、権利に関する登記を申請する場合の一般的手続の概要とポイントについて述べていくこととする。

1 登記申請手続の流れ

(1) 当事者の申請

登記は原則として当事者からの申請を受けて登記官が行う。

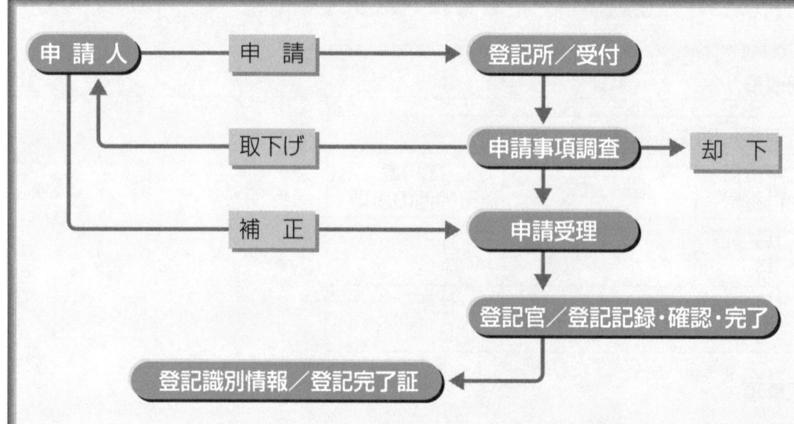

例外として、登記官が職権で登記できる場合があるが、これは不動産登記法に規定があるものに限られている。

(2) 補正、取下げ、却下

申請に不備（却下事由）がある場合でも、それを補正することができるときに、登記官が定めた相当の期間内に、申請人が補正したときは、却下されない。

申請を撤回することが取下げである。すぐには補正できないときも、一旦申請を取り下げて、やり直しになる。

申請が不動産登記法の却下事由に該当し、補正されないときは却下される。

(3) 登記の完了

登記が完了すると、登記識別情報（数字とアルファベットで構成する12桁の記号）が発行される。登記識別情報は、登記名義人自らがその登記を申請していることを確認するために用いられる。

また、登記完了証という書面の交付によって、完了が通知される。

2 共同申請

(1) 共同申請とは何か

A所有の不動産がBに売却されたとする。そこで、所有権がAからBに移転した旨の登記をする場合、売買契約の当事者であるAとBが共同して登記の申請をしなければならない。これを共同申請といい、登記申請手続の最も重要な原則となっている。

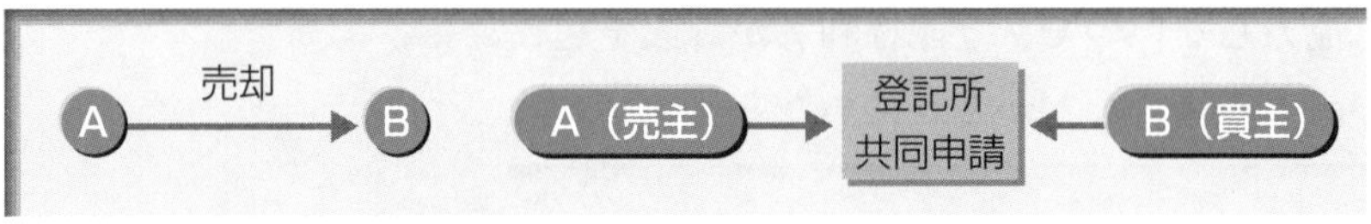

(2) 登記権利者、登記義務者

共同申請人のうち、登記上利益を受ける立場の当事者を登記権利者、不利益を受ける立場の当事者を登記義務者という。

上記(1)の事例では、登記によって所有権の登記名義人となるBが登記権利者であり、登記名義人ではなくなるAが登記義務者である。

(3) 登記請求権

登記権利者は、登記義務者に対して、共同申請に協力するように請求できる権利を持つ。これを登記請求権という。登記上不利益になるからといって、登記義務者が登記に協力しなければ、登記権利者は困るからである。

(4) 登記の有効性の確保

例えばAからBへの売買による所有権移転登記がなされた場合に、実際にはＡＢ間に売買が行われていないとすれば、登記は実体とは異なったものとなってしまう。

当然のことながら、登記と実体関係とは合致していなければならないが、売買による所有権移転登記がなされた場合に、登記官は本当に売買が行われたどうかを審査する権限がない。そこで、その登記をすることによって登記上不利益を受ける者を申請人とすることによって登記と実体が合致するようにしたのである。

⑸　単独申請（共同申請の例外）

共同申請が不可能な場合に当事者が単独で申請するのが単独申請である。これには２通りある。

①そもそも登記権利者、登記義務者という立場に分かれることがあり得ないので、単独申請になる場合。

相続を原因として所有権が移転した場合の登記などがこれにあたる。

②本来は共同申請で行われるべき登記を、登記権利者又は登記義務者の片方が単独で申請する場合。

登記義務者がどうしても協力しないので、登記権利者が訴訟を起こし、裁判所の判決を得て申請する場合などがこれにあたる。

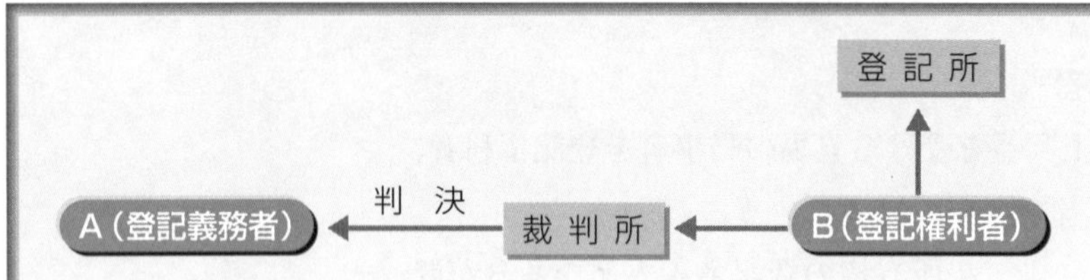

⑹　代理人による申請

登記申請には複雑な法律関係がからむこともあり、手続自体も手間がかかることが多い。そこで当事者は、司法書士など、登記手続を代理して行う資格を持つ専門家に依頼して申請することができる。

前記⑵、⑶で述べた通り、登記権利者と登記義務者は、利害関係が対立しているともいえる。民法を学べば分かることだが、代理人というものは、原則として、対立した利害関係人双方の代理をすることは禁じられている。しかし、登記手続の代理に関しては、その例外となり、双方の代理人となることができる。司法書士を目指しての勉強であるから、このことは頭の隅に置いておくとよい。

5 登記申請に必要な情報（書面）

登記申請は、登記所に対してオンラインで申請情報を提供する方法又は書面を提出する方法によってしなければならない。提供又は提出するものは、登記申請書情報（登記申請書）及び所定の添付情報（添付書面）である。

1 申請書情報(登記申請書)

どの不動産について、どんな権利に関する登記をしてもらいたいのかを、具体的に依頼するものである。

（例）AからBへの売買による所有権移転登記の申請書（共同申請）

登 記 申 請 書

登記の目的　所有権移転
原　　因　○年○月○日売買
権 利 者　住　所　B
義 務 者　住　所　A
添付書面
　登記原因証明書　登記識別情報　印鑑証明書　住所証明書
　代理権限証書
○年○月○日申請　○○法務局○○出張所
代 理 人　住　所　司法書士　S　㊞
　　　　　連絡先　TEL　○○－○○○－○○○○
課税価格　金○円
登録免許税　金○円
不動産の表示
　所在　○市○町
　地番　○番
　地目　宅地
　地積　○㎡
　不動産番号　○○○○○○○○○○○○○

（例）A所有の土地及び建物を目的とするPの抵当権設定登記の申請書（共同申請）

登 記 申 請 書

登記の目的　抵当権設定
原　　因　○年○月○日金銭消費貸借同日設定
債 権 額　金○円
利　　息　年○%
損 害 金　年○%
債 務 者　住　所　A
抵当権者　住　所　P
設 定 者　住　所　A
添付情報
　登記原因証明書　登記識別情報　印鑑証明書　代理権限証書
○年○月○日申請　○○法務局○○出張所
代 理 人　住　所　司法書士　S　㊞
　　　　　連絡先　TEL　○○－○○○－○○○○
課税価格　金○円
登録免許税　金○円
不動産の表示
　所在　○市○町
　地番　○番
　地目　宅地
　地積　○㎡
　不動産番号　○○○○○○○○○○○○○

　所在　○市○町
　家屋番号　○番
　種類　居宅
　構造　鉄筋コンクリート造陸屋根2階建
　床面積　1階　○○．○○㎡
　　　　　2階　○○．○○㎡
　不動産番号　○○○○○○○○○○○○○

（例）相続による所有権移転登記の申請書（単独申請）

登 記 申 請 書

登記の目的　　所有権移転
原　　因　　○年○月○日相続
相 続 人　　（被相続人　X）
　　　　　　住　　所　　A
添付情報
　登記原因証明情報　住所証明書　代理権限証書
○年○月○日申請　　○○法務局○○出張所
代 理 人　　住　　所　　司法書士　S　㊞
　　　　　　連絡先　TEL　○○－○○○－○○○○
課税価格　　金○円
登録免許税　　金○円
不動産の表示
　所在　　○市○町
　地番　　○番
　地目　　山林
　地積　　○○㎡
　不動産番号　○○○○○○○○○○○○○○

申請情報（申請書）の主要な部分が登記記録の登記事項となる。逆に言えば、登記事項証明書に記載された登記事項を見れば、どんな申請情報（申請書）が提供（提出）されたかが分かるのである。

2 添付情報

登記原因を証する情報、登記申請人の実在と申請意思を確認するための情報、権利に関する変更等があったことを証明する情報、権利変動について第三者の許可、同意又は承諾を必要とする場合には、これを受けたことを証する情報（証明書類）等を添付する必要がある。また、代理人によって登記を申請するときは、代理権限の内容を証明する情報を添付する。中でも、登記原因を証する情報、登記申請人本人を確認する情報は重要である。

(1) 登記原因証明情報（登記原因証明書）

登記の原因（登記の原因となる法律行為または事実）があったことを証する情報である。

（例）AからBへの売買による所有権移転の登記原因証明情報

登記原因証明情報

1　登記申請情報の要項
（1）登記の目的　所有権移転
（2）登記の原因　○年○月○日売買
（3）当 事 者　権利者　住　所　B
　　　　　　　　義務者　住　所　A
（4）不 動 産
　所在　○市○町
　地番　○番
　地目　宅地
　地積　○㎡
　不動産番号　○○○○○○○○○○○○○
2　登記の原因となる事実または法律行為
（1）Aは、Bに対し、○年○月○日、本件不動産を売った。
（2）よって、本件不動産の所有権は、同日、AからBに移転した。

○年○月○日　○○法務局○○出張所　御中

上記の登記原因のとおり相違ありません。
（買主）　住　所　B　㊞
（売主）　住　所　A　㊞

⑵　本人確認情報

①本人確認の重要性

例えば、Aは自分が所有している不動産を売る意思は全くなかったとする。ところが、CがAになりすまして、Bにこの不動産を売ってしまったとしたら、Aは大損害を被ることになるはずである。こうした事件は多発している。

従って、登記申請人、とりわけ登記義務者本人の実在（架空の人物でないこと）とその登記申請意思の確認は極めて重要なことである。

②登記識別情報の提供

例えば、不動産の所有権登記名義人であるAは、過去に何らかの原因でその所有権を取得して、その旨の登記を申請したはずである。従って、Aはその登記が完了した時に、登記所から登記識別情報が提供されていることになる。

今、AがBにこの不動産を売り渡し、その旨の登記を申請する場合、Aは登記義務者となる。共同申請の解説のところで述べた通り、登記上不利益を受ける登記義務者が、登記権利者と共同して手続をしているのだということが確認できれば、申請に間違いがないといえる。そこで、登記義務者の申請意思を確認するために、登記義務者しか所持していないはずの登記識別情報の提供又は登記済証の提出が添付情報（添付書面）として必要とされるのである。

③本人確認情報

登記識別情報の失念、登記済証の紛失などの理由で、登記義務者が、これらの情報を提供できないときはどうするか。

不動産登記法は登記識別情報を提供できない場合の代替的措置として、登記官による事前通知による本人確認であるとか、司法書士等の登記申請代理人の作成した本人確認証明情報の提供といった制度を定めている。

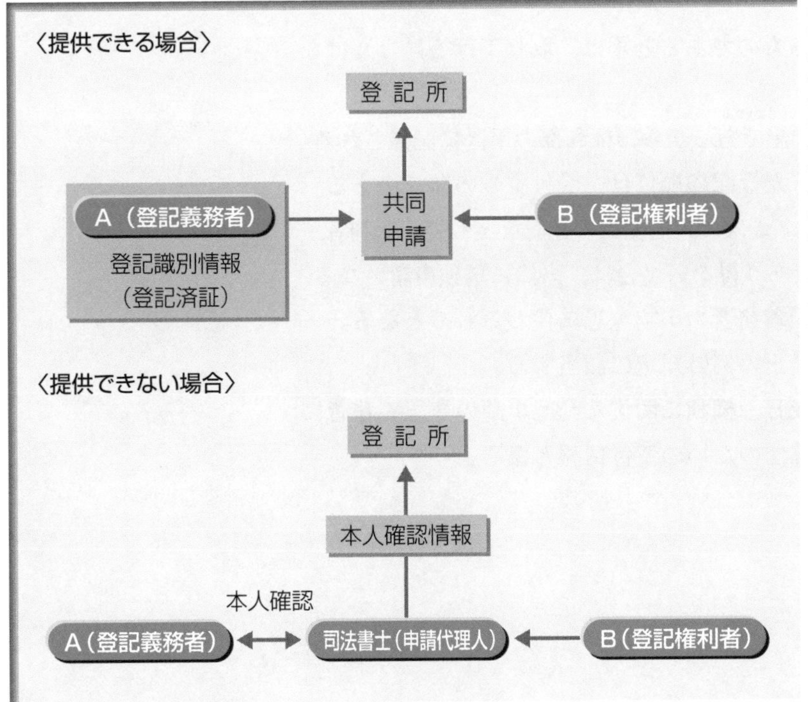

例題でチェックしよう

《問題》○か×か

□□1　登記事項証明書は、当該不動産に利害関係のない者が交付を請求することはできない。

□□2　登記申請手続に不備があるときは、申請人は登記の申請を取り下げなければならない。

□□3　所有権の登記名義人の表示が変更した旨の登記は登記記録の権利部の甲区に記録される。

□□4　同日に申請された甲区と乙区の登記相互間には順位の先後はない。

□□5　すべての登記申請は、共同申請が建前である。

□□6　登記義務者が登記申請に協力しないときは、登記権利者は、裁判所の判決を得て、単独で申請することができる。

□□7　登記手続の代理をする資格を持った代理人でも、登記権利者及び登記義務者の双方の申請代理人となることはできない。

□□8　登記識別情報は、登記の完了を通知するためのものであり、以後の登記申請に使用されることはない。

《解答・解説》

1　×　登記事項証明書は、誰でも手数料を納付すれば、交付を請求することができる。

2　×　不備が補正できるものであるときは、取り下げるには及ばない。

3　○　所有権に関する登記であるから、権利部の甲区に記録される。

4　×　甲区と乙区にされた登記の順位は、受付番号の順で決まる。

5　×　相続登記や、登記名義人の氏名変更の登記など、登記権利者・義務者という立場があり得ない場合は、当然に単独申請となる。

6　○　この判決が、登記義務者の申請意思に代わるものとなる。

7　×　民法の双方代理禁止の例外規定に該当する。

8　×　登記名義人が、後日、権利に関する登記申請の登記義務者になるときに、本人確認のための添付情報となる。

第11章

商業登記法

商業登記法は、不動産登記法と同じく、登記制度及び登記申請手続に関する法律ですが、両登記制度はそれぞれ目的が違っていますから、双方を比較して勉強する実益はほとんどありません。

しかし、商業登記法だけを単独に勉強することも無意味です。本文でも解説しますが、商業登記法は、商法及び会社法と並行して学んでいかなければ頭に入りません。

また、登記手続というものは、細かくて、憶えるべきことも多いので、とかく苦手意識に陥りがちです。そういうとき、商業登記は、前向きに発展する商業活動の結果を記録していく過程だと思えば、明るい気持ちで勉強に取り組むことができることでしょう。

商人に関する登記の制度と手続

1 商業登記の対象

商業登記は、商人（個人商人と会社）に関する事項を登記するための制度と手続を定めている。不動産登記の対象は物であるのに対して、商業登記の対象は人（自然人である個人商人と、法人である会社）である。

2 商業登記の役割

例えば、小売業を営んでいるAについて、次のような事例を考えてみよう。

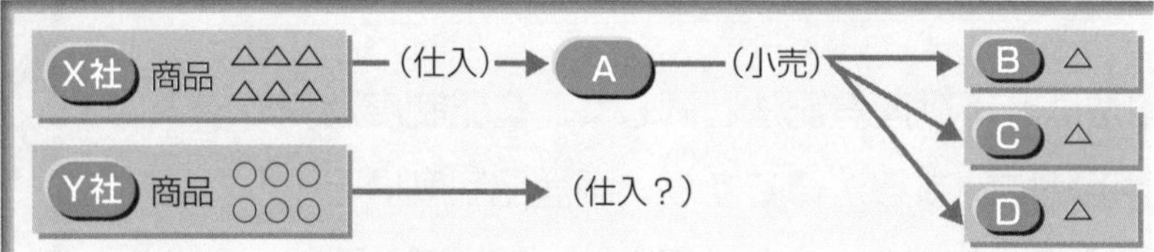

Aは、主にX社から商品を仕入れて、小売をしていたが、最近、Y社から商品の販売を依頼された。しかし、Aは、Y社についてはよく知らない。

　　Y社はそもそも実在の会社なのか
　　Y社は何をしている会社なのか
　　Y社の代表や役員は誰か
　　Y社の規模はどのくらいか
　　Y社は信頼のおける取引先か、など。

このような情報を得た上でなければ、Aは安心してY社と取引契約をするわけにはいかないであろう。また、Y社にしても、Aに信用してもらわなければ、販売先の獲得は難しい。

そこで、商人に関する重要な情報を、誰もが見られるように、公の機関で記録しておけば取引の安全に役立つ。これが商業登記である。

3 商業登記は義務付けられている

商人に発生する事実のうち、登記をするべき事実を「登記の事由」といい、これによって登記する情報を「登記すべき事項」という。

登記の事由及び登記すべき事項は、法律で規定したものに限られるが、これらは頻繁に発生、変化、消滅する。従って、その都度登記をしないと、商業活動の妨げとなる。そこで、原則として、登記の事由が生じたときは、速やかに登記をすることが義務付けられている。

4 商業登記の効力

(1) 対抗力

商業登記の対抗力とは、登記すべき事項が生じた場合、取引相手に対して、その事実を主張できるか、できないかという問題である。

まず、事情を知っている（これを悪意という）相手方に対しては、登記の有無にかかわらず、その事実を主張できる。問題は、相手方が取引時点で、事情を知らなかった（これを善意という）場合である。

上記**3**で述べたように、登記すべき事項が生じたら、早速するべき登記をしていないと、善意の相手方には事実を主張できない。

ところが、登記をしておけば、原則として、善意の相手方に対してでも、その事実を主張できるようになる。ここが商業登記の対抗力の特徴なのである。

例えば、X社の代表者であったAが退任し、後任にBを選任したが、AがX社の代表と偽って、事情を知らないY社と取引したとする。

この場合、Y社と取引するより前に、代表者が変更した旨の登記をしていないと、X社はY社に対して、代表がBであることを理由に取引の不成立を主張することはできない。

しかし、登記がしてあれば、逆に、X社から取引の不成立を主張されても、Y社は、知らなかったでは済まされない。登記を調べなかったY社が責めを負うべきこととされるからである。

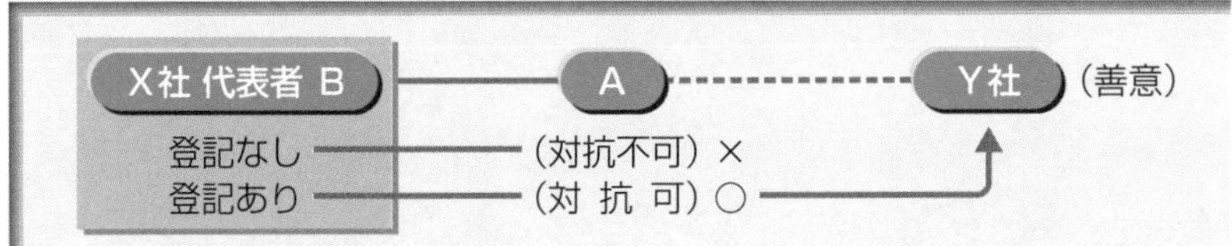

商業登記法

(2) 不実の登記

虚偽の登記事項は、登記されていても、善意の相手方に主張できない。

5 商業登記法の勉強

権利義務を定めた法律を実体法、その実現方法を定めた法律を手続法という。商業登記の場合、主として商法、会社法が実体法、商業登記法が手続法という関係になる。商法、会社法には、登記すべき事項、登記すべき期間、登記の効力などが定められ、商業登記法には、商業登記制度及び登記申請の手続が規定されている。

従って、商業登記法は、商法、会社法と一体をなしているといえる。そこで、商法、会社法と並行しながら、次のような段階で勉強することになるであろう。

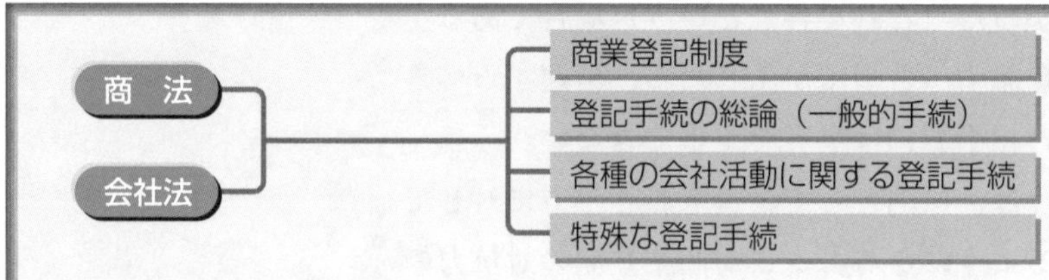

6 登記所と登記官

登記所及び登記官については、不動産登記法の解説を参照して頂きたい。

商業登記簿

1 商業登記簿の種類

商業登記は、個人商人と会社に関する事項が登記される。そこで、登記所には、個人商人及び会社の種類ごとに次のような登記簿が備えられており、それぞれの登記事項も異なっている。

〈個人商人の登記簿〉
- 商号登記簿（他人による商号の不正使用を防ぐ登記）
- 未成年者登記簿（個人商人が未成年者であるとき）
- 後見人登記簿（後見人が被後見人のために営業をするとき）
- 支配人登記簿（個人商人の支配人に関する登記）

〈会社の登記簿〉
- 株式会社登記簿
- 合名会社登記簿
- 合資会社登記簿
- 合同会社登記簿
- 外国会社登記簿

2 登記記録の編成

商業登記簿は、上記の登記簿の種類に従って、区分が決められており、各区分に応じて定められた事項の登記記録によって編成されている。

（例）個人商人の商号登記簿の区分と、記録すべき主な登記事項

区の名称	記録すべき主な事項
商号区	商号　営業所 商号使用者　営業の種類　etc.
登記記録区	登記記録を起こした事由及び年月日　etc.

（例）株式会社登記簿の主な区分と、記録すべき主な登記事項

主な区の名称	記録すべき主な事項
商　号　区	商　号 本店の所在場所 会社の公告方法 会社成立の年月日　etc.
目　的　区	目　的
株式・資本区	単元株式数 発行可能株式総数 資本金の額　etc.
役　員　区	取締役 監査役 代表取締役　etc.
会社支配人区	支配人 支配人を置いた営業所
支　店　区	支店の所在場所
新株予約権区	新株予約権に関する事項
会社履歴区	会社の継続 合併をした旨並びに吸収合併消滅会社の商号及び本店 分割をした旨並びに吸収分割会社の商号及び本店 分割をした旨並びに吸収分割承継会社又は新設分割設立会社の商号及び本店
会社状態区	存続期間の定め 解散の事由の定め 取締役会設置会社である旨 会計参与設置会社である旨 監査役設置会社である旨 監査役会設置会社である旨 会計監査人設置会社である旨　etc.
登記記録区	登記記録を起こした事由及び年月日　etc.

登記事項の証明等

登記簿の閲覧、登記事項証明書、登記事項要約書については、不動産登記法で解説したところを参照してほしいが、商業登記でも、オンライン化が行われたことは前述の通りである。

ここでは、商業登記事項証明書、印鑑証明書、オンラインでの交付請求等について、解説を加えておく。

なお、商業登記では、不動産登記のような図面類というものはない。

1 登記事項証明書の種類

商業登記の登記事項証明書には、次のような種類がある。

種　類	証明内容
現在事項全部証明書	現に効力を有する登記事項
現在事項一部証明書	上記のうち、申請人が指定した区に関する登記事項 （商号区及び会社状態区の登記事項は、指定の有無にかかわらず証明される）
履歴事項全部証明書	交付請求をした日の３年前の年から登記された事項（現に効力を有しないものも含む）
履歴事項一部証明書	上記のうち、申請人が指定した区に関する登記事項 （商号区及び会社状態区の登記事項は、指定の有無にかかわらず証明される）
代表者事項証明書	会社の代表者の代表権に関する登記事項で、現に効力を有するもの 代表者が複数いる会社では、指定した代表者のみに関する事項の証明もできる。
閉鎖事項全部証明書	閉鎖された登記記録のすべての登記事項
閉鎖事項一部証明書	上記の一部の登記事項

② 印鑑証明書

印鑑の提出については、後で詳しく述べるが、商業登記の申請人は、あらかじめ登記所に印鑑を提出しておかなければならない。

提出した者は、印鑑カードの交付を受け、それによって印鑑証明書の交付を請求することができる。

市区町村に届けた個人の実印の印鑑証明を受けるのと同様のシステムである。

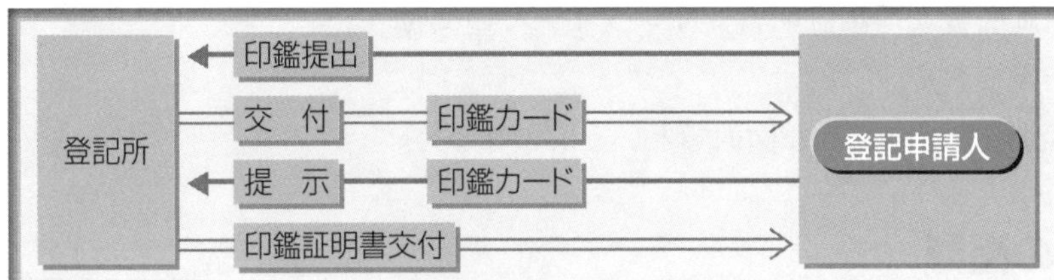

③ オンラインによる登記情報の提供

インターネットを利用して登記事項を見ることができる制度である。ただし、画面を見るだけで、ダウンロードはできない。

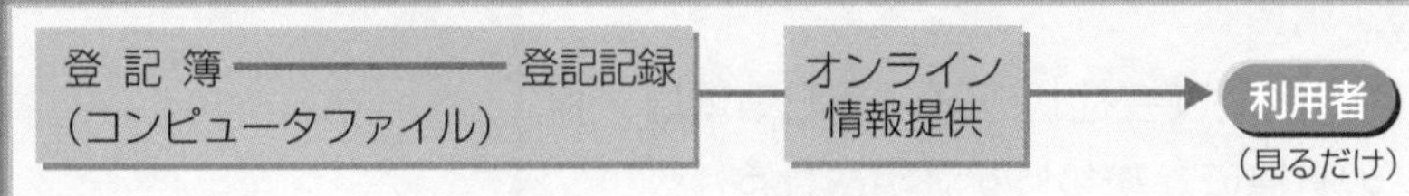

④ オンラインによる登記事項証明書等の交付請求

指定された登記所に対しては、オンラインで登記事項証明書、印鑑証明書を郵送してもらうように請求できる。

直接オンラインで証明書等の交付を受けることはできない、ということに注意してもらいたい。

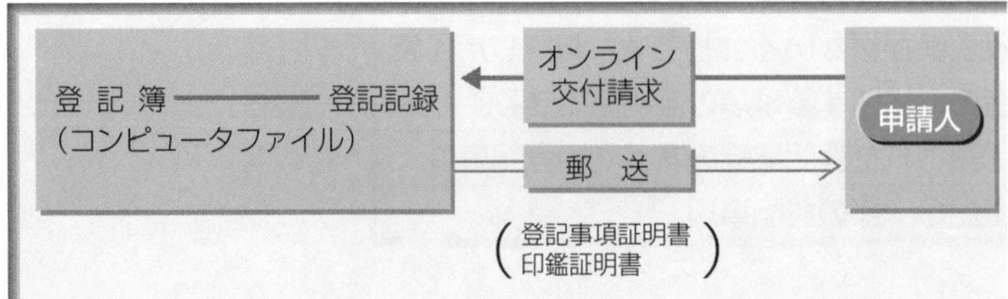

登記申請手続

1 登記を申請すべき場合

商業登記は次のような事由が生じたときに、申請することが義務付けられている。

(1) **発生**

登記すべき事由が初めて発生したとき。

(例) 会社設立の登記、会社の役員選任の登記

(2) **変更**

登記された事項に変更が生じたとき。

(例) 商号変更の登記、会社の役員変更の登記

(3) **消滅**

登記された事項が消滅したとき。

(例) 会社の役員解任の登記

2 商業登記申請の流れ

登記は原則として当事者からの申請を受けて登記官が行う。

なお、不動産登記のように、登記完了後、登記識別情報の発行や登記完了証の交付はされない。

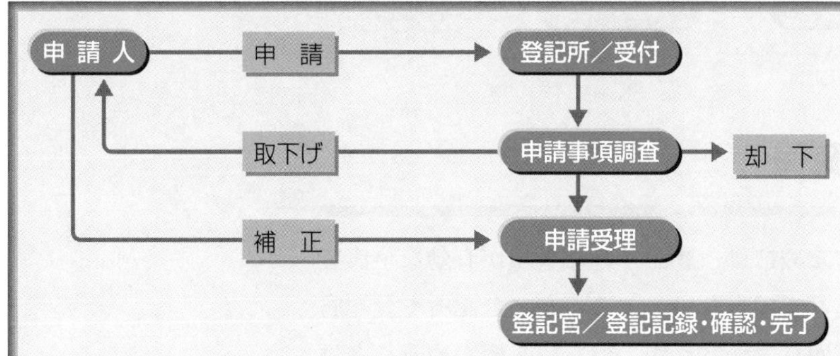

例外として、登記官が職権で登記できる場合があるが、これは商業登記法等の法令に規定があるものに限られている。

3 補正、取下げ、却下

却下事由について細かい違いはあるが、不動産登記法の解説を参照してもらいたい。

4 登記申請人（登記申請義務者）

登記を申請する当事者とは誰か。個人商人の登記なら、当然その個人商人だが、会社の登記では、その会社そのものが当事者である。

しかし、会社は、自分では申請できないから、実際に登記を申請するべき者は、会社の代表者ということになる。

また、会社の場合には、申請すべき登記を怠っていると、会社の代表者が過料の制裁（これは刑罰としての科料ではない）を受ける。

5 代理人による登記申請

登記申請には複雑な法律関係がからむこともあり、手続自体も手間がかかることが多い。そこで当事者は、司法書士など、登記手続を代理して行う資格を持つ専門家に依頼して申請することができる。

ところで、会社の登記では、当事者は会社であり、その代表者は会社の代理人としての立場にある。そこで、会社の代表者から登記手続の代理を依頼される司法書士は、当事者である会社の復代理人ということになる。

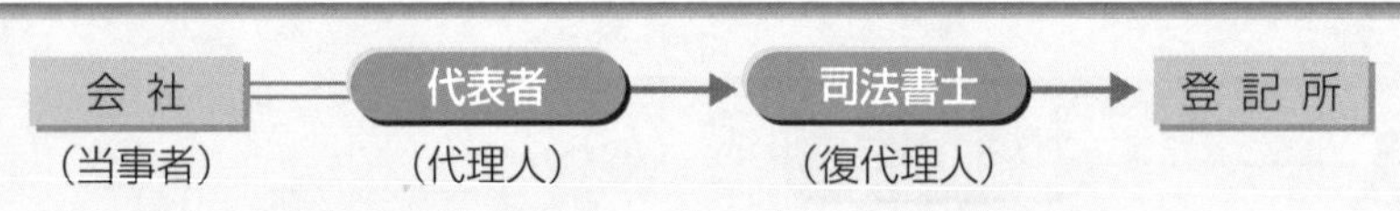

6 登記の有効性の確保

登記制度が機能を果たすためには、登記された事項が有効な事実でなければならないことは言うまでもない。ところが、登記所や登記官は、申請された事項の内容が真実かどうか、いちいち確かめることはできない。また、商業登記の性質上、共同申請という方法（不動産登記法参照）によって有効性を確保することもできない。

そこで、商業登記では、印鑑提出の制度を設けて、虚偽の登記申請を防止することとしている。

また、オンラインによる登記申請の場合には、申請情報等に付された電子署名を電子証明書で検証するシステムによって、有効性を確保している。

7 印鑑の提出

商業登記の申請人は、あらかじめ登記所に印鑑を提出しなければならない。登記所届出印、会社の実印などと呼ばれているものである。具体的には、申請人が登記に使用する印鑑を、印鑑届書という用紙に押印し、これを登記所に提出しておくのである。

登記の申請がされると、申請書（司法書士等の代理人による申請では委任状）等に押印された印鑑と、印鑑届書に押印された印鑑が照合される。これによって、登記申請が、権限のある者からなされたことが確認できるというわけである。

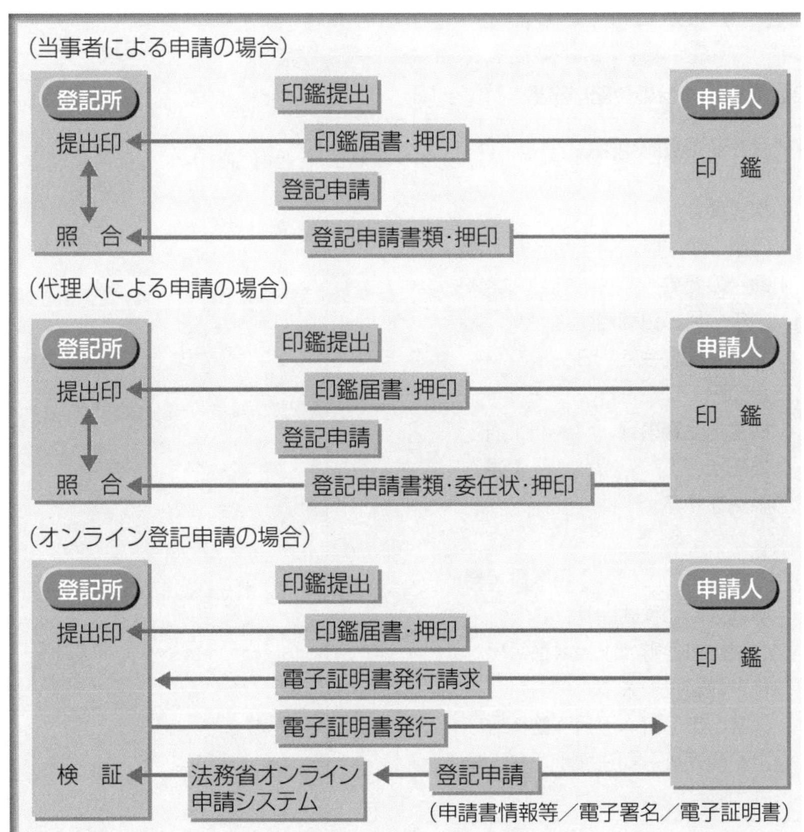

5 登記申請に必要な情報（書面）

登記の申請は書面によってしなければならず、当該書面（申請書）には申請の内容等に応じて一定の書面（添付書面）を添付しなければならない。

なお、書面申請に対する特則としてオンラインで申請することもでき、この場合には申請書に記載すべき事項を送信しなければならない。添付書面については電子化できるものはオンラインで送信し、そうでないものは送付等の方法で登記所に提出することになる。

1 登記申請書

登記の事由が発生した経過を明らかにして、登記すべき事項を具体

（例）株式会社Ａの商号をＢと変更した旨の登記申請書

株式会社変更登記申請書

１．商号	株式会社　Ａ	
１．本店	○県○市○区○×丁目×番×号	
１．登記の事由	商号の変更	
１．登記すべき事項	○年○月○日商号変更	
	商号　株式会社　Ｂ	
１．登録免許税	金○円	
１．添付情報	株主総会議事録	１通
	委任状	１通

上記のとおり登記の申請をする。

○年○月○日

○県○市○区○×丁目×番×号
申請人　　株式会社　Ｂ
○県○市○町×丁目×番×号
代表取締役　Ｘ
○県○市○町△丁目△番△号
上記代理人　司法書士　Ｓ　㊞

○○法務局○○出張所御中

的に記載しなければならない。オンライン申請による登記申請書情報も同様の事項を送信する。

2 添付書面

登記の申請に際しては、登記の申請を担保するために、申請書に一定の書面の添付を要する場合がある。

例えば、株式会社が商号変更の登記を申請する場合、株主総会議事録を添付しなければならない。商号は定款の絶対効記載事項であるので、その変更は定款変更手続きを要するところ、定款変更の手続は株主総会特別決議である。そこで商号変更にかかる株主総会決議があったことを明らかにするため、商号変更の登記申請書に商号変更にかかる株主総会議事録の添付を要するのである。

（例）株式会社の代表取締役の選定を証する取締役会議事録

取締役会議事録

令和○年○月○日午前○時、当会社本店において取締役会を開催し、下記の議案につき可決確定したので、午前○時○分散会した。

取締役総数　３名
出席取締役　３名

議　案　代表取締役選定の件

取締役Ａが議長となり、代表取締役の選定につき協議したところ、全会一致で下記の者を選定した。

記

○県○市○町○丁目○番○号
代表取締役　Ａ

上記の決議を明らかにするため、この議事録を作成し、出席取締役全員がこれに記名押印する。

令和○年○月○日

株式会社　Ｚ
出席取締役　Ａ　㊞（実印）
同　Ｂ　㊞（実印）
同　Ｃ　㊞（実印）

例題でチェックしよう

《問題》○か×か

□□1　登記すべき事項を登記しないと、取引の相手方が悪意でも、その事実を対抗できない。

□□2　登記すべき事項を登記しない間に、それについて善意で取引した相手方に対しても、その後登記すべき事項を登記すれば、その事実を対抗できるようになる。

□□3　登記事項証明書の交付は、オンラインで直接受けることができる。

□□4　オンラインで申請した登記が完了したときは、登記識別情報が発行される。

□□5　商業登記申請の当事者は、個人商人又は会社の代表者である。

□□6　登記すべき会社の登記を怠った場合、制裁を受けるのは会社の代表者である。

□□7　印鑑の提出は、オンラインですることができる。

□□8　添付書面は、申請された登記事項の真実性を確認するために提出される。

《解答・解説》

1　×　悪意の相手方に対しては、登記がなくても対抗できる。

2　×　取引後にされた登記を相手方が見て事情を知ったとしても、取引時点で登記がされていなかったのであれば、対抗できない。

3　×　オンラインで登記事項証明書等の郵送を請求することはできるが、直接オンラインで交付を受けることはできない。

4　×　商業登記では、登記識別情報は発行されない。

5　×　会社の場合は、会社そのものが当事者である。

6　○　当事者である会社を代表して、会社代表者が登記申請義務を負うから、登記を怠った場合に制裁を受けるのは会社の代表者である。

7　×　印鑑の提出はオンライン申請の対象外となっており、印鑑届書に押印したものを提出しなければならない。

8　○　法令に従った商業活動によって登記事項が発生した事実を証明するものである。

第12章

記述式（書式）

不動産登記法／商業登記法

合格した者の多くは、司法書士試験で最も苦労したのは記述式（書式）であるといいます。しかし、「将来、司法書士を業とする」という自覚が一番起こるのも記述式（書式）の学習であろうと思われます。

記述式（書式）の学習は、実体法、手続法の総合的なものですが、これを自分のものにするには、主として実体法に関する深い理解が必要だと思われます。

この「入門の入門編」においては、司法書士試験に出題されるような記述式（書式）を扱うことはできません。しかし、何事にもはじめの一歩があります。小さな一歩でもいいですから、歩き始めて下さい。

記述式（書式）

I　総論

1 記述式試験とは何か

司法書士試験においては、５肢択一式問題70問の他に記述式問題が不動産登記法、商業登記法それぞれ１問ずつ出題される。

記述式試験とは、実際に申請書を作成させる試験である。

例えば、AがBに甲土地を売却したとする。民法（実体法）上甲土地の所有権はAからBに移転しているが、それが登記に表われていなければ原則として第三者からは分からない。それでは、権利の存在は絵に描いた餅であり、また、取引の安全を図ることができず、登記の役割は減少してしまう。

この民法（実体法）上の権利・義務を登記に表すためには、不動産登記法に則って登記を申請することが必要である。この申請をするのは司法書士の役割である。従って、司法書士として申請書を書く能力があるか否かを試すのが記述式の狙いである。

申請書に自分勝手に記載すると、それを読んだ人（登記官）が意味を間違える可能性がある。従って、書式を誰でも分かるように形式化したのである。

2 記述式試験の配点

択一式問題の配点が１問３点なのに対して、記述式問題は１問35点の配点であるから２問で70点となる。

択一式問題70問全体で210点である。従って、この70点という配点は非常に高い。これを正解できるか否かは司法書士試験の合否を左右する。

以下には、不動産登記、商業登記の実際の事例から記述式の学習方法を考えてみよう。

Ⅱ　不動産登記法

1 例示

以下には例を挙げて実際に考えてみよう。ただし、あくまで「入門の入門の例」であることはお断りしておく。

《例》

登記記録に次のような登記事項の記録（省略）がある甲土地について、司法書士法務太郎は、関係する当事者全員から後記事実関係を聴取し、これらの事実関係により生じる権利変動に基づく登記の申請手続に必要な書類を受領するとともに、これらの登記の申請手続及び登記識別情報の受領について代理することの依頼を受けた。

次の⑴から⑷までの問いに答えなさい。

⑴　事実関係１の事実に基づき、甲土地について申請することのできる登記の申請書に記載すべき申請情報のうち、登記の目的、登記原因及びその日付、申請人、添付書類並びに登録免許税を記載しなさい。

⑵　以下は略

（事実関係）

1　令和○○年５月７日、ＡはＢに甲土地を金１億円で売却し、同年５月20日全額の支払を受け、領収証を交付した。なお、本件契約には、本件不動産の引渡し及び本件売買を原因とする所有権移転時期は売買代金の支払完了時であるとの特約が付されている。

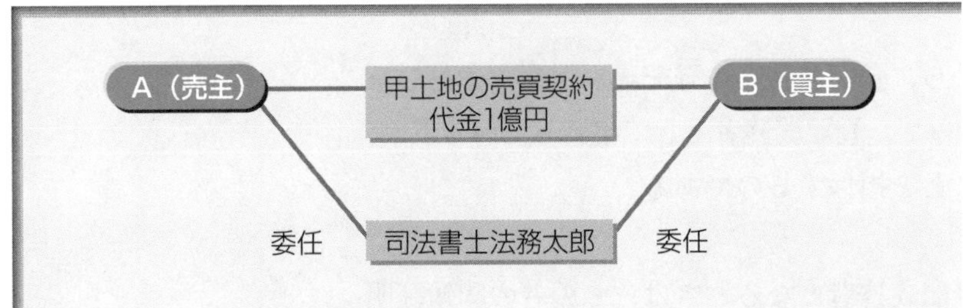

2 登記の申請書記載事項

(1) 登記の目的

登記の目的とは、何の登記を申請するかということである。

ここでは、ＡからＢに所有権が移転したことを登記したいのであるから、所有権移転となる。

(2) 登記原因及びその日付

①登記原因

登記原因は、売買である。

②登記の日付

ＡＢの売買契約は令和○○年５月７日に締結されているが、特約により、登記の日付は令和○○年５月20日となる。

③登記原因及びその日付

令和○○年５月20日売買となる。

(3) 申請人

この場合、売主であるＡが登記義務者であり、買主であるＢが登記権利者となる。従って、申請人は次のようになる。

権利者　Ｂ
義務者　Ａ

(4) 添付情報（添付書類）

受験生の皆さんが最も頭を悩ますものの１つが、添付書面情報（添付書類）である。添付書面情報（添付書類）というのは、本申請を担保する書類のことだと思えばよい。ウソの申請もあり得る。従って、真実である旨の担保である添付書面情報（添付書類）が必要とされるのである。

①登記原因証明情報

ＡＢ間に行われた甲土地の売買契約が真実であったことを示すものである。

②Ａの登記識別情報

本問は共同申請であるから、登記義務者の登記識別情報を添付しなければならない。これによって、登記義務者として申請している者が、登記名義人Ａ本人であることを担保するのである。

③Ａの印鑑証明書

所有権の登記名義人が登記義務者となるときは、その者の印鑑証明書の添付を要する。これも、登記識別情報の提供と同じく義務者の本人確認のためのものである。

④Ｂの住所証明書

登記権利者が実在しているかを確認するものである。住所証明書とはＢの住民票の写し等である。

⑤ＡＢの委任状

代理人（法務太郎）による登記申請であるから、代理人の権限を証明するためのものである。

(5) 登録免許税

登録免許税とは、登記をしてもらうために支払う国税である。

登録免許税の課税標準は固定資産課税台帳登録価額である。従って、売買代金の１億円ではなく、この課税台帳価額が標準となる。

土地の売買契約の場合は２％が税率（本則）であるから、価額が8000万円だとすると、8000万円×２％＝160万円となる。

以上より、登録免許税額は金160万円である。

Ⅲ　商業登記法

1 例示

以下には例を挙げて実際に考えてみよう。ただし、あくまで「入門の入門の例」であることはお断りしておく。

《例》

司法書士法務律子は、令和○○年７月１日に事務所を訪れたＡ出版株式会社から、別紙１から別紙２までの書類の交付を受け、必要な登記申請書の作成及び登記申請の代理を依頼された。司法書士法務律子は、この依頼に基づき、同月８日、Ａ出版株式会社の本店の所在地を管轄する登記所に登記を依頼した。

以上に基づき、アからエまでの項目ごとに登記申請書に記載すべき事項を記載しなさい。

《別紙１》にはＡ出版株式会社の登記事項証明書の内容の抜粋が記載されている。

《別紙２》は、Ａ出版株式会社の株主総会議事録である。議案は、株券を発行する旨の定めの件であり、これは可決確定している。

A出版株式会社 —— 依　頼 —— 司法書士法務律子

株券を発行する旨の定めの設定

2 登記申請書に記載すべき事項

(1)　**登記事由**

株券を発行する旨の定めの設定である。

会社法上、株券は発行しないのが原則であり、発行する場合にはその旨の登記が必要である。

(2)　**登記すべき事項**

次のように記載する。

令和○○年×月×日設定

株券を発行する旨の定め

当会社の株式については、株券を発行する。

(3)　**登録免許税**

金３万円である。

(4)　**添付書類**

株主総会議事録	１通
委任状	１通

前述したように、株券は発行しないことが原則である。株券を発行するためにはその旨を定款に定めなければならない。この定款変更には株主総会の議決が必要であるので、その決議があったことを証するため株主総会議事録を添付するのである。

また、司法書士法務律子がＡ出版株式会社から登記申請の代理を依頼されたのであるからその旨の委任状が１通必要となる。

Ⅳ　終わりに

記述式を理解するか否かは実体法をいかに深く理解しているかにかかっている。特に添付書面についてこれがよくあらわれてくる。

記述式の学習の多くは実体法の再学習である。